風土記の世界

三浦佑之
Sukeyuki Miura

岩波新書
1604

はじめに

古事記《こじき》や日本書紀《にほんしょき》、あるいは万葉集《まんようしゅう》ほど知名度は高くないが、日本列島の古代を知ることのできる貴重な書物として、わたしたちの前に風土記《ふどき》が遺されている。

風土記はそれぞれの国で編まれ律令政府に提出された書物だが、今は、五か国の風土記と後世の書物に運良く引用されて伝わる逸文《いつぶん》が遺るにすぎない。数量としてはわずかだが、風土記がなければ何もわからない八世紀初頭の日本列島を記録した資料が、いくらかのフィルターは掛かっているとしても読めることの意義は測りしれない。

記録されているのは、土地で語られていた神話や滑稽な話や土地の謂われ、あるいは天皇たちの巡行、土地に生息する動物や生えている植物、耕作地の肥沃状態など、なんでもありの宝箱である。ところが、そうした貴重な資料でありながら、読むためのテキストも注釈書や解説書・入門書の類《たぐい》もほんとうに少ない。二〇一三年は編纂命令が出て一三〇〇年の節目だったが、ほとんど目立たないままに過ぎた。

ごった煮のような風土記ゆえに、すんなりと理解できなかったり退屈なところがあったりもするので、だれにでも受け入れられる書物ではないかもしれない。いや逆に、だれもが自分に合うおもしろさの一つや二つ見つけられる、それが風土記だともいえる。

ただし、分量が限られた本書では、取りあげることのできる話は限られてしまう。また、風土記はそれぞれの国によって独立しているので、全体をまとめて紹介するのはむずかしい。おのずと、国ごとにその特徴を述べるという方法をとらざるをえない。

そこで本書では、はじめの二章で風土記の成立や内容を概説的に整理し、第三章以降で、国別の内容に立ち入り、わたしがおもしろくて重要だと考えるところを掘り下げることにした。それによって、全体を掌握しつつ個々の風土記の魅力を引き出せると思ったからである。

なお、ここで取り扱う風土記は、八世紀初頭に地方の国々が中央政府に提出した報告文書であり、正式には「解《げ》」と呼ばれる。しかし本書では、一般に通用している「風土記」または「古風土記」、個別には国名を冠して「〇〇国風土記」という呼称を用いる。また、風土記の成立や内容に関して、研究者のあいだで解釈が別れるところも多いが、いちいち諸説を紹介しながら論述するという手法はとらない。煩瑣《はんさ》になりやすいそれらの紹介はなるべく回避し、わたしの理解に基づいた道筋に沿って論述してゆくことになる。

本書では風土記の記事をできるだけ多く引用しながら内容を紹介するつもりである。しかし、紙幅の制約もあるので、手許にテキストを準備してお読みいただくのがいいかもしれない。むろん、本書をふつうに読み進めるだけなら本文を手許におく必要などないが、比較的入手しやすい本は、現在品切れになっているものも含め、日本古典文学大系『風土記』(岩波書店)、新編日本古典文学全集『風土記』(小学館)をはじめ、岩波文庫、角川ソフィア文庫にも『風土記』がある(常陸《ひたち》国風土記と出雲《いずも》国風土記は、単独版が講談社学術文庫にある)。それらのテキストには、訓読本文と語釈のほか、場合によっては原文(漢文)や現代語訳も付いている。ただし、新刊では入手できなかったり高価だったりする場合もあるので、図書館を有効に利用なさることをおすすめする。

まずは、風土記とはどのような書物で、そこにはどのようなことが書かれているのか、どういうおもしろさがあって、どのようなところが大事なのか、というような情報を本書で入手していただくのがいいのではないか。そうすれば、おのずと図書館や書店に足を運んで風土記の本文を探してみようと思われるはずだ。

目　次

＊風土記をはじめ古事記・日本書紀・続日本紀などの引用については、日本古典文学大系・新日本古典文学大系（岩波書店）、新編日本古典文学全集（小学館）、国史大系（吉川弘文館）などの現行テキスト類を参照して訓読した。その場合に、読みやすさを考慮して副詞や接続詞などの漢字をひらがなにするなどした。また、現代語に訳したところもある。

＊本文中のふりがなは新かなづかいに、引用文中は旧かなづかいとした。また、本文中のカタカナ表記の神名は旧かなづかいとした。

第一章　歴史書としての風土記

1　律令国家をめざして──「日本書」紀

風土記撰録の命令

現在わたしたちが、風土記あるいは古風土記と呼びならわしている書物が編まれたのは、律《りつ》令《りよう》政府が和銅《わどう》六年（七一三）に発した次のような命令によると考えられている。

五月甲子（制すらく）畿内《きない》と七道《しちだう》との諸国《くにぐに》の郡《こほり》・郷《さと》の名は、好《よ》き字を着《つ》けよ。その郡の内に生《な》れる、銀《しろかね》・銅《あかがね》・彩色《さいしき》・草・木・禽《とり》・獣《けだもの》・魚《うを》・虫等の物は、具《つぶさ》に色目《しきもく》を録《しる》し、土地の沃塉《よくせき》、山川原野《さんせんげんや》の名号《みやうがう》の所由《しよいう》、また、古老《こらう》の相伝《あひ》ふる旧聞異事《きうぶんいじ》は、史籍《しせき》に載《しる》して言上《ごんじやう》せよ。

（『続日本紀』和銅六年五月二日）

『続日本紀《しょくにほんぎ》』では、法令（勅・太政官奏・奉勅など）を示す場合には、「制（制すらく）」という語が頭に付くのだが、ここは原本に脱落があるらしい（国史大系本『続日本紀』では補っている）。また、風土記の撰録の命令は、引用した文章のうちの第二文以下であり、第一文にある郡郷名に「好き字」を付けるという地名表記の改正については独立した事項と見なす説もある（新日本古典文学大系本『続日本紀』）。しかし、第一文も含めた引用部全体を風土記撰録の命令とみる従来の見解のほうが妥当ではないかと思う。というのも、地名表記の全国的な統一は、律令国家の地方統治の根幹にかかわっており、それは当然、風土記の撰録を諸国に命じることと呼応していると考えなければならないからである。

さて、この和銅六年五月に出された官命の内容を整理して掲げると、以下の五項目にまとめることができる。

1　郡や郷の名に好ましい漢字を付ける
2　特産品の目録を作成する
3　土地の肥沃状態を記録する
4　山川原野の名前の由来を記す
5　古老が相伝する旧聞異事（昔から伝えられている不思議な出来事）を載せる

なぜ、この時期に

平城京（奈良の都）への遷都が行われて三年、なぜ、この時期にこうした命令が出されたのか。

地名の掌握は地方支配を象徴しており、特産品や土地の肥沃状態を知ろうとするのはそれぞれの国の経済力の掌握を意図しているというような説明は可能だ。それならば、地名の由来や旧聞異事の収集にこだわるのはなぜか。おそらく、それらもまた経済力の掌握と同様に、律令政府にとっては大きな意味をもっていたはずである。

なお、命令のどこにも風土記という書名は出てこない。各地の名産品や風物・歴史あるいは生活ぶりを記し、地名を冠した「○○風土記」という書物はいくつも存在する。しかし、ここで対象としている書物が風土記という書名で呼ばれるのはのちのことで、本来は「解《げ》」と呼ばれる公文書であった。

公文書では、律令政府が下級官庁に出す通達は「符《ふ》」、それに対する報告文書は「解」と呼ばれるから、和銅六年の官命に応じて各国が提出した「史籍」は「解」と題されていたはずである。その痕跡と思われるのが、現存する常陸《ひたち》国風土記の冒頭に書かれた、「常陸国司解　申古老相伝旧聞事（常陸の国の司の解　古老《こらう》の相伝ふる旧聞《ふること》を申す事）」という標題である。

制度が整えられ、貨幣が流通する都市、平城京が機能しはじめる。そのなかで地方に要求された五項目は、動きはじめた国家が十全な律令国家になるために必要なことがらであったはずだ。当然、歴史の流れのなかで把握しなければならない。そして、思い至るのは、律令国家における史書編纂の事業である。そのあたりを整理しながら、風土記撰録の命令について考えてみたい。

国家への道

ヤマト王権が国家への道を歩みはじめることになったのは、日本書紀の歴史認識を参照していえば、七世紀初頭、女帝トヨミケカシキヤヒメ（推古《すいこ》天皇）の頃と見なしてよかろう。成文法が自覚され、史書の編纂が企画される。そして、それらが意識されるのは、隋《ずい》という強大な帝国が存在したことを抜きにして考えることはできない。そこからおよそ百年の歳月をかけて、ユーラシア大陸東端に位置する列島を掌中に収めた「日本」が姿をあらわすことになる。そのあいだに、大陸の帝国は隋から唐へと変容し、三つの国に別れていた朝鮮半島も新羅《しらぎ》という国に統一されていた。

おそらく、できたばかりの列島の小国は、躍起になって唐や新羅の属国になることを避け、独自の国であろうとした。そのために、危うい均衡の上に成り立つ豪族連合による支配体制から中央集権的な統治機構をもつ国家への脱皮が模索され、そのために必要な制度を、中国から借り入れた。その制度とは、具体的には、法（権力）としての律令、根拠（幻想）としての史書、経済（生活）としての貨幣、中心（天皇）としての都であった。そして、それらの諸制度を統括する官僚機構ができ、漢字が横（役所と役所）と縦（都と地方）とを自在につなぎ、七つの道を通して人と物が行き来する。

これら国家への脱皮の試みとしての諸制度の整備については、日本書紀に連ねられた記事をたどってゆくとおおよその輪郭がみえてくる。そして気づくことは、法と史の試みはつねに対応するかたちであらわれてくるということである。あたかも車の両輪のように同じ時期に企図され、事業は並列的に進んでゆく。その試みは、聖徳太子という知のシンボル（あくまでも象徴的な存在であり、実在したか否かは問わない）が登場する推古天皇の時代にはじまり、八世紀初頭に両者がそろって完成に至るまで、営々と積み重ねられていった。

では、なぜ法と史は並列的に進められる必要があったのか。わたしは次のように考えている。

制度を作りそれに従わせるというのが、永続的な国家を統治する基盤である。そこでは、刑罰（律令の「律《りつ》」）をともなう強制力をもった法（律令の「令《りょう》」）が十全に機能しなければならない。しかし、刑罰だけを強化しても永続性は保証されないわけで、従属する者たち（国民）が、自分たちは国家に帰属し国家に守られているのだという幻想(信仰・敬愛・共感など)を抱くことができなければ、国家は守れない。そして、その幻想を強固にするために必要なのは、はじまりから今に至る国の歴史であった。それゆえに法と史は、国家を支える車の両輪として並列的に進むのである、と。

日本書紀の成立

「律」をもたない飛鳥浄御原令《あすかきよみはらりょう》(六八九年)を受け継いで大宝《たいほう》律令が完成したのは大宝元年(七〇一)、翌年には諸国に頒布され、名実ともに律令国家が成立する。その後、大宝律令に修正を加え、日本版律令の完成形となる養老《ようろう》律令(律・令、各一〇巻)の撰定作業が養老二年(七一八)から行われる。ところが、同四年に編纂の中心人物であった藤原不比等《ふひと》が没したこともあって、編纂作業は中断したらしいのだが(そのあたりの事情はよくわかっていない)、六年頃には養老律令は完成したと考えられる。

こうした七世紀末から八世紀初頭にかけての律令編纂事業に呼応するかたちで姿をあらわすのが、養老四年(七二〇)五月に奏上された、正史・日本書紀である。

これより先、一品舎人親王《いっぽんとねりのみこ》、勅《みことのり》を奉《う》けたまはりて日本紀《にほんぎ》を修《あ》む。ここに至りて功《くう》成りて奏上《さしあ》ぐ。紀卅巻・系図一巻。（『続日本紀』養老四年五月二一日）

史書の編纂に関しても、藤原不比等は大きな影響力をもっていたと考えられるのだが、そもそも律令と史書とが時を同じくして編纂作業が進行しているというところに、両者の親密な関係性が示されている。律令と史書は、それが律令国家を支える両輪として意識されているから、このようなかたちで姿をみせるのである。

右の『続日本紀』の記事をみると、書名は「日本紀」とあり、現存しない「系図」一巻が存在したことが確認できる。そしてこの書物については、「日本紀」と「日本書紀」と、二つの書名がまず問題になる。遺された写本類には「日本書紀」と題するものが多いが、史料には「日本書紀」と「日本紀」の両方の書名がみられる。また、『続日本紀』以降の正史（『日本後紀《にほんこうき》』『続日本後紀《しょくにほんこうき》』など）は「日本紀」という書名を受け継いで名付けられているところからすると、「日本紀」が正式名称かと思われるのだが、養老四年の記事は、『続日本紀』の認識が反映して「日本紀」とされているのであって、奏上時の書名が「日本紀」であったわけではない。

そもそも、手本とした中国において『漢書《かんじょ》』以降の正史は、紀（本紀）・志・列伝（伝）の三部からなり、書名は国名(王朝名)を冠して「○○書」と呼ぶ紀伝体の形式が一般的である。また、正史を編年体に簡略化した歴史書を「○○紀」と呼んでいるが、日本書紀のように、「○○書紀」という書名をもつ歴史書は中国には存在しない。

「日本書紀」か「日本紀」か、書名については従来から議論があるが、わたしなりに整理すると、以下のように考えるのがわかりやすい。

当初、史書の構想としては、紀・志・列伝の三部をもつ中国正史をお手本とした「日本書」がもくろまれていた。ところが、養老四年に成立したのは「紀(帝紀)」三〇巻と「系図」一巻であった。そして、その時奏上された書物に付されていた書名は「日本書　紀」であった(神田喜一郎)。つまり、「日本書」という書名の下に、小さく「紀」と記し、あるいは、「日本書」とは離して「紀巻第一(二、三……)」と記してあったものが、転写をくり返すうちに「日本書紀」になってしまったというのが神田説であり、笑い話のようでありながら、総合的に判断するとたいそう説得力をもっている。ちなみに「紀」とともに奏上された「系図」だが、中国の正史にある「表」に相当し、歴代天皇の系図が添えられていたと見なしてよい。

「紀」に続いて「志」や「列伝」が編纂されていればそういうことは生じなかったのだが、何らかの理由で「日本書」は「紀」だけで編纂が中断してしまった。そのために、書名としての「日本書紀」が定着した。そして、「紀」だけが編まれることになった正史は、「日本紀」を受け継いだ史書だということで『続日本紀』となり、以後、『日本後紀』『続日本後紀』として継続される。ところがその後は、「紀」の名を退けた『日本文徳天皇実録《にほんもんとくてんのうじつろく》』『日本三代実録《にほんさんだいじつろく》』が編まれたのみで国史編纂は中断した。それが六国史《りっこくし》と呼ばれる史書である。

史書編纂の歴史

日本書紀という歴史書は、もとは、正史「日本書」の一部として編まれた書物であり、最初から「紀三十巻」だけの「日本紀」をめざしていたわけではない。そのことは、今は散逸した「系図一巻」が付随していたことからも明らかであり、「紀三十巻」という『続日本紀』の書きぶりからも、「紀」以外の史書がともなう可能性を示唆していると読める。

日本国の正史をめざす限り、中国正史を手本として「志」や「列伝(伝)」が準備されるのは当然だが、その「志」「列伝(伝)」についてはあとで述べることにして、まずは、史書編纂の歴史を日本書紀の記事でたどっておこう。

トヨミケカシキヤヒメ(推古天皇)の時代に、「憲法十七条」(推古一二年(六〇四)四月)と呼ばれる法と並んで、「天皇記および国記、臣《おみ》・連《むらじ》・伴造《とものみやつこ》・国造《くにのみやつこ》・百八十部《ももやそとものを》あはせて公民等《おほみたからども》の本記」（推古二八年〔六二〇〕是歳）が編まれたところから、歴史書の編纂ははじまっている。この記事が事実か否かは議論があるが、それが、律令国家における法と史書の「起源」として認識されていたのは明らかだ。そして当然、それが国家のはじまりでもあると考えられた。

それ以降も、法と史書は並列してあらわれる。乙巳《いっし》の変（大化の改新、六四五年）で蘇我臣蝦夷《そがのおみえみし》らの滅亡とともに灰塵《かいじん》に帰すかと思われた「天皇記・国記・珍宝」のうちの「国記」を、忠臣・船史恵尺《ふねのふひとえさか》が燃え盛る蝦夷の屋敷から持ち出し、皇太子中大兄《なかのおおえ》に伝える（日本書紀、皇極四年〔六四五〕六月一三日）。そして、中大兄の即位ののちに「近江朝廷の令」ができたと、『類聚三代格《るいじゅさんだいきゃく》』巻一は伝えている。

こうした法と史書とのパラレルなありようは、古代律令国家の起源が聖徳太子にあり、それが中大兄に受け継がれて新たに歩みはじめたという歴史認識がたしかに存したということを示している。そして、その法と史とは、次に生じた壬申《じんしん》の乱（六七二年）と呼ばれる動乱を経たのちに、天武《てんむ》天皇によって確立されることになる。そのように認識することで、クーデターによって即位した天武が皇統を受け継ぐ正統な天皇であることを保証する。それを象徴するのが日本書紀、天武一〇年（六八一）条に載る次の二つの記事である。

天皇・皇后、ともに大極殿《おほあんどの》に居《おは》して、親王・諸王と諸臣を喚《め》して、詔《みことのり》して曰はく、「朕《われ》、今よりまた律令《りつりやう》を定め、法式《はふしき》を改めむと欲《おも》ふ。かれ、ともにこの事を修《をさ》めよ。しかれども、頓《にはか》にこの務《まつりごと》を就《な》さば、公事欠くこと有らむ。人を分けて行ふべし」と。（二月二五日）

天皇、大極殿に御《おは》して、川嶋皇子・忍壁《おさかべ》皇子・広瀬王・竹田王・桑田王・三野王・大錦下《だいきむげ》上毛野君《かみつけののきみ》三千《みちぢ》・小錦中《せうきむちう》忌部連《いむべのむらじ》首《こびと》・小錦下阿曇連《あづみのむらじ》稲敷《いなしき》・難波連《なにはのむらじ》大形・大山上《だいせんじやう》中臣連大嶋・大山下《だいせんげ》平群臣《へぐりのおみ》子首《こびと》に詔して、帝紀《ていき》および上古《じやうこ》の諸事を記し定めしめたまふ。大嶋・子首、親《みづか》ら筆を執《と》りて録《しる》す。（三月一七日）

天武一〇年の二月と三月に相次いで出された詔は、法の撰定と史書の編纂とが、古代国家にとって一体の事業であるということを、端的に示している。そして、それは、推古朝から続く法と史への志向が途切れなく受け継がれてきたものであり、天武もまた、その流れのなかに位置づけられる正統な王朝であるという宣言ともとれるのである。

そして、この詔によって動き出した法と史が、大宝（養老）律令と「日本書」紀として実を結ぶ。そこに、古代国家は完成をみた。しかしじつは、養老四年に奏上された「日本書」紀は、

「紀」しか存在しないのだから、正史「日本書」としては未完の史書だということになる。

2　「日本書」列伝の痕跡

撰善言司という役所

正史「日本書」が完成するには、「日本書」志と「日本書」列伝とがそろっていなくてはならない。しかし、実際に編纂された事実はなく、その構想を窺わせる痕跡を遺された史料から見いだすのもむずかしい。ただ、日本書紀の持統《じとう》五年（六九一）八月条にみられる、「十八の氏［大三輪《おほみわ》・雀部《さざきべ》・石上《いそのかみ》・藤原・石川・巨勢《こせ》・膳部《かしはべ》・春日《かすが》・上毛野《かみつけの》・大伴《おほとも》・紀伊《き》・平群《へぐり》・羽田《はた》・阿倍《あへ》・佐伯《さへき》・采女《うねめ》・穂積《ほづみ》・阿曇《あづみ》］に詔して、その祖等《おやたち》の墓記を上進《たてまつ》らしむ」という記事、あるいはその二年前の「撰善言司《よきことえらぶつかさ》」という役所の設置などは、正史の編纂とかかわるのではないかと想像してみることはできる。

なぜ一八の氏だけが指名されているのか定かではないが、これらの氏の祖にかかわる記録を集めるのは、氏ごとにあった記録の整理が求められているからだ。「祖等」というのは、唯一の始祖というよりは歴代の系譜というようなものに近いだろう。そして、豪族連合政権とでも呼びうる古代ヤマト王権にとって、列伝(伝)が、個々の人物だけではなく、氏というかたちで認識されたというのは十分に理解できることである。

撰善言司という役所が、恒常的なものか臨時のものかも含めて、どのような仕事をする司であるかは何もわかっていない。皇太子や皇子たちの教育を行うための役所という解釈もあるが、「善言」を撰ぶというのだから、その司は、書かれた記録のなかから、あるいは伝えられていることばのなかから、「善い言」を撰録する役所と見なすべきで、その役割は史書のなかでも「日本書」列伝にかかわる「善言」ではないかと思わせる。『続日本紀』の記事のなかにしばしば見いだされる孝子(親孝行な子)や順孫(祖父母によく仕える孫)・義夫(義を尊ぶ人)・節婦(節操にすぐれた婦人)の顕彰記事などが、撰善言司によって求められた「善言」の一端ではなかったかと推測する。それらは、「日本書」においては「列伝」のなかに並べるべく収集が企てられ、そのために役所が設置されたという記事ではなかったか。

そうした氏族や名もなき孝子や順孫たちとはべつに、戦いや政治、さまざまな分野での功績が顕著な個人を顕彰し記録することが、「列伝」には欠かせない。そこで思い浮かぶのは、本朝最古の漢詩集『懐風藻《かいふうそう》』である。この詩集には天智《てんじ》朝から奈良時代にかけての漢詩一二〇編が年代順に作者別に載せられており、作者である皇子や臣下たちについて、詩の前に「伝」が添えられ、系譜や功績・事績が漢文で記されている。謀叛のかどで処刑される大津皇子の伝やその大津の謀叛を密告したとされる河島（川嶋）皇子の伝はよく知られている。それらの伝が「列伝」の材料であったかもしれないし、さまざまなかたちで流布する人物伝を、「日本書」列伝に拾いあげるということも考えられたのではなかろうか。そして、そうした記録を収集し整理するのも、撰善言司に課せられた任務のようにみえる。

聖徳太子と藤原鎌足

明確に「列伝」の一部だとか編纂の名残だとか呼べる史料があるわけではない。しかし、「日本書」列伝が撰録されたとすれば、まっさきに加えられたであろう人物はいる。たとえば、日本書紀にその片鱗を窺わせる日本武尊《やまとたけるのみこと》であり、聖徳太子あるいは藤原鎌足《かまたり》といった人物は、候補者としての資格を十分にもっていたはずだ。もちろん、「列伝」に収められるヤマトタケルは、天皇と対立的に描かれた古事記の倭建命《やまとたけるのみこと》ではなく、日本書紀が描く父天皇に忠誠を尽くして夭折する日本武尊でなければならない。

成立の時代は下るが、聖徳太子や鎌足の伝は現に存在する。指摘されているように、日本書紀の推古天皇条に記載されている聖徳太子関係の記事は、早くから逸話化されていた太子物語を元に構成されているであろうし、口頭や書承によるさまざまな伝えを集成したのが『上宮《じょうぐう》聖徳法王帝説《しょうとくほうおうていせつ》』である。この作品は奈良時代から平安時代中期にかけて何段階かの過程を経て成立したと考えられており、「聖徳太子伝」と呼びうる書物が「日本書」列伝の原史料として存在したという可能性は十分に考えられる。

藤原氏の功績を記した『藤氏家伝《とうしかでん》』に収められた「大織冠伝《たいしょくかんでん》（鎌足伝）」も列伝を思わせる。現存本の作者は藤原仲麻呂《なかまろ》とされているから八世紀中期の成立だが、日本書紀の記事と重なる部分があることから坂本太郎は、『藤氏家伝』と日本書紀とには共通する祖本があり、それに基づいて二つの書物は書かれていると推測する。そして、「その祖本は鎌足個人の伝記であって、没後遠からぬ頃に作られた、ほんとうの功臣家伝というべきもの」だったと述べている。そこから想像をたくましくすれば、その鎌足伝こそ、「日本書」列伝に収めるべく記録されたのではなかったか。

また、正史「日本書」の構想を想定する神田秀夫は、それが未完に終わったことについて、「日本には史記・漢書・後漢書・三国志・晋書のやうに、列伝に於て、人間の行跡を、個人を単位として、その社会に於ける個性として、登録し、評価するやうな歴史意識がまだなかつたのである。だから、日本書列伝の作れやうわけがなかつた」と述べるのだが、中国語のネイテイブが「日本書」紀の編纂にかかわっている事実が明らかになった現在(森博達)、七世紀後半から八世紀初頭の時期に、列伝の企画が進行していたと見なすことに障害はなかろう。そうした歴史意識を含めて、明らかに「日本書」列伝に収めるべき一人として記述された、あるいは創作された人物ではないかとわたしが目星をつけている存在がいる。浦島子《うらしまこ》である。

浦島子伝

昔話の主人公としてよく知られた浦島太郎は長い歴史をもち、八世紀初頭から平安時代にかけて浦島子という名前で、漢文で書かれたさまざまな作品に登場する。そのなかで、現存する最古の文献は日本書紀であり、次のような記事がある。

丹波国《たにはのくに》の余社郡《よざのこほり》の管川《つつかは》の人、瑞《みづ》の江《え》の浦島子、船に乗りて釣す。つひに大亀《おほかめ》を得たり。すなはち女《をとめ》に化為《な》る。ここに浦島子、感《め》でて婦《め》にし、相逐《あひしたが》ひて海に入る。蓬萊山《ほうらいさん》に到りて、仙衆《ひじりたち》を歴《めぐ》り観《み》る。語《こと》は、別巻に在り。（雄略二二年七月）

浦島子という男が、釣りあげた亀から変身した女とともに蓬萊山に行ったというのである。

ここには出発時の出来事しか描かれていないが、それは編年体をとる史書としては当然のことだ。浦島子がふたたびこちらの世界に帰還するのは、他の文献を参照すれば三百年も後のことであり、出発時が雄略朝（五世紀後半）だとすれば八世紀後半ということになる。とすれば、七二〇年の日本書紀奏上時には、いまだ蓬萊山に滞在中ということになってしまう。

時間的にはいささか矛盾をきたしてしまうかもしれないが、「紀」の記述とは別に、蓬萊山への往還を果たし、地仙となって数百年もの齢を手に入れた浦島子のことは、「日本書」列伝にどうしても入れたい人物だったと考えられる。それが、引用した雄略紀の記事の最後の部分に書かれた、「語は、別巻に在り（語在別巻）」という一文によって明らかになる。

雄略紀の「別巻」という語をすなおに読めば、現存する日本書紀三〇巻のなかの、雄略天皇の巻（巻第一四）とは別の巻に詳しい記事が記されていると解釈できる。ところが、日本書紀（「日本書」紀）のどこを探しても該当する記事は見あたらない。そこで、この「別巻」というのは、日本書紀とは無関係な、浦島子を主人公とする別の書物をさしていると解釈することになるが、それを「別巻」と呼ぶのはいかにも不自然というしかない。

日本書紀には当該部分「語在別巻」のほかにも「語在○○」「辞具在○○」「事具在○○」という用例がいくつもあり、それらはいずれも別の巻に所在が確認できると藤井貞和は指摘する。

それゆえに藤井は、雄略巻以外か、日本書紀の付録に「別巻」があり、浦島子の記事はそこに叙述されているのが最善だが、それを確認できない以上、「言われているように『浦嶋子伝』とでも称すべき書物が世に行われており、それを指す」とみるしかないというふうに、一般的な見解にしぶしぶ同意する。しかし、正史が、みずからとはまったく関係のない書物をさして「別巻」と呼ぶと考えるのはとうてい無理だ。

さてどう考えればよいかということになるが、わたしの見解は単純明快である。つまり、日本書紀（「日本書」紀）に続いて「日本書」列伝の編纂がめざされており、そこに収められることが決まっていた「浦島子伝」をさして「別巻」と呼んでいると考えるのである。

伊預部馬養が記せる

「日本書」列伝に収める「浦島子伝」そのものが現存しているわけではないが、日本書紀にある「別巻」に該当する書物と見なしてよさそうな作品がある。まだ風土記について説明する前に恐縮だが、丹後《たんご》国風土記の記事の一部（逸文《いつぶん》）と考えられる資料が、『釈日本紀《しゃくにほんぎ》』（卜部《うらべ》兼方《かねかた》、鎌倉時代末期成立）という日本書紀の注釈書に載せられている。それは、浦島子という風流人が、神女と邂逅《かいこう》して蓬萊山に遊んだという物語で、漢文で書かれた数ある「浦島子伝」のなかでも

もっとも古いと目される作品である。そして、その冒頭部分に前書きのような文章があり、
「こは、旧《もと》の宰《みこともち》、伊預《いよ》部馬養連《べのうまかひのむらじ》が記せるに相乖《そむ》くこと無し。かれ、略《おほよそ》、所由《ゆゑよし》の旨《おほむね》を略陳《の》ぶ」
と記されている。

記されている前書きから想定できることは、七世紀末期頃に伊預部馬養という人物が書いた浦島子の物語が存在し、それは、「日本書」列伝の一部として書かれたのではないかということである。

和銅六年(七一三)四月の、丹波《たんば》国を丹波と丹後とに分国したという記事(『続日本紀』「丹波国加佐・与佐・丹波・竹野・熊野の五郡を割きて、始めて丹後国を置く」)から考えて、余社郡(与佐)を丹波国と記している先の日本書紀雄略二二年の記事は、和銅六年以前に書かれている。また、伊預部馬養という人物は、「律令」撰定と「撰善言司」に携わった官僚であり、その経歴からみて、当時一級の学者であった。その、法と史とに関与する官僚学者の手によって創作された神仙小説が「浦島子伝」だったのである。おそらくそれは、持統朝から文武《もんむ》朝初期頃までには成立していた(詳細は、三浦『浦島太郎の文学史』参照)。

加えて、作者の馬養が「律令」撰定や「撰善言司」という国家の法と史との中枢部に参画する人物であるところからみて、その作品「浦島子伝」が、構想中の「日本書」列伝に収載する

ために書かれた可能性はきわめて高いといえるのである。というのも、中国と同じく日本にも何百年も生きた仙人が実在し、その事跡が史書に記されていなければならないからである。それゆえに、「日本書」列伝に掲載される予定の、三百年の時間を生きた浦島子の仙境訪問の物語「浦島子伝」をさして、日本書紀の雄略巻は、「語在別巻」と記したのである。

3　「日本書」志の構想

「志」とは何か

「紀」「列伝」と並ぶ「志」もまた、「日本書」をめざす律令国家の史書編纂事業にとっては欠かせないものであった。中国史書と同様、「紀」は歴代天皇の事績を編年体によって記述したもの、「列伝」は皇子や臣下らの事績の累積であり、どちらも経過する過去の時間(歴史)を記述した書ということになる。それに対して「志」は、王朝の治世の記録とみればよい。そこには、あらゆる制度や空間的な広がりのなかで把握された国家のさまが記される。

「紀」や「列伝」が国家の縦軸となる時間を保証するものだとすれば、「志」は横軸として広がる空間が切り取られる。中央としての朝廷と版図としての地方が、一望のもとに収められる必要があった。

たとえば、『漢書』を例にとれば、その「志」は次の十志によって構成されている。

律暦＝楽律（音楽）と暦法に関する記録
礼楽＝礼儀と音楽に関する記録
刑法＝犯罪および刑罰についての記録
食貨＝食物（穀物）・貨幣など経済的な記録
郊祀《こうし》＝皇帝が行う天地の祭祀
天文＝天体の運行や現象に関する記録
五行＝木・火・土・金・水の哲理による異変や吉凶の記録
地理＝国や郡など地方に関する記録
溝洫《こうきょく》＝田畑の溝のことで、農耕の水路・治水等に関する記録
芸文＝学問と文芸に関する記録

この十志のうち、地理志を除いた九つの「志」は、いずれも同時代の制度に基づいた記録であり、それらは、史書編纂者が朝廷の内部資料に基づいて対処できる内容である。それに対して「地理志」は、ある程度の蓄積された記録類が朝廷内部に存在したことは想像されるが、

「日本書」地理志として編むことのできる統一性のある記録が集積されていたとは考えにくい。それゆえに、本章の冒頭に引いた和銅六年の官命が出されたのである。

地理志の痕跡

国家にとって支配の根拠となるのは、縦軸としての支配の歴史（時間）の把握と、横軸としての空間の掌握である。その意味で、律令国家として、支配領域の確認と把握はどうしても欠かすことのできない事業であり、史書編纂はその総仕上げということになる。

和銅六年の官命に先立って、地方に関する地誌的な記録の収集作業と思われる痕跡を、日本書紀のなかにいくつか見いだすことができる。たとえば、大化二年（六四六）八月条に、「国々の堺《さかひ》」を確認して書や図を作成して提出せよという命令が出ており、天武朝には「多禰島《たねのしま》に遣しし使人《つかひら》等、多禰国の図を貢《たてまつ》る」（天武一〇年八月二〇日）、伊勢王および官人や「録史《ふびと》・工匠者《たくみ》等」を派遣し、「天の下に巡《めぐ》行りて、諸国の境界《さかひ》を限分《さか》ふ」（天武一二年一二月一三日）などである。この多禰島（国）というのは、鹿児島県にある種子島のことである。

いずれも、境界の策定と書や図の作成に関する記事である。こうした国々の境界を書や図に記すという行為は、国家における版図を確定する作業であり、空間的な広がりのなかで国家を確認しようとする行為である。そして最初の記事によれば、その根拠は乙巳の変（大化の改新）に求められているが、それは、律令国家の歴史認識として重要である。こうした事業が律令撰定や史書編纂と同じレベルで存在したことになるからである。

朝廷の内部で律令が撰定され「日本書」が編まれるなかで、諸国に向けて発せられた「史籍」の編纂命令は、その時期から考えても内容からみても、間違いなく「志」の一部としての「日本書」地理志を実現するための材料を収集する目的であったというのは明白であろう。このことについてはすでに指摘があり、神田秀夫は、「わたしの素人考えですけど、風土記というのは、漢書でいえば一種の地理志みたいなもので、『書』をつくらせる資料として提出させたものが、ああいうふうに変形したんじゃないかと思うんです」と指摘する。

成立しなかった「日本書」志

ただし、どれだけの国がいつ頃までに、国家の要求に応じて五項目の「解」を提出したかはわからない。そして、提出された「解」が日本書「志」としてまとめられることはついになかった。その理由も定かではないが、あるいは、それらが国家の側の史書編纂の論理や歴史認識を超えていて、統括することができなかったということなのかもしれない。

また、現存する出雲国風土記は、命令から二〇年を経た天平《てんぴょう》五年（七三三）になって上申されており、それは養老四年（七二〇）の「日本紀（「日本書」紀）」奏上から一〇年以上も経過している。理由はどうあれ、「地理志」編纂の基礎資料の収集は一筋縄ではいかなかったらしい。そしていつの頃からか、「日本書」の構想自体が頓挫し、所期の目的とは別のかたちで、上申された「解」のいくつかは、「風土記」という名を与えられて後世に伝えられることになった。

古事記について

古代律令国家において法と史はつねに対になる存在として認識され、その撰録・編纂の事業は並列的に行われてきた。天武一〇年（六八一）からおよそ四〇年間の、法と史への国家の側の欲求の強固さをみたとき、「志」と「列伝」を含めた正史「日本書」の構想が着々と進行していたということは納得できるはずである。その歴史的な流れのなかに現存する日本書紀や風土記を置いてみたとき、当初の意図のとおりとは言えないところもあるが、国家が求め続けた「史」の一部を担うものとして明確に位置づけることができるのである。

ところが、そうした流れのなかに古事記を置いたとき、八世紀初頭にこの書物が登場する必然性を見いだすのは容易ではないことがわかる。それは、律令国家にとっての「史」の本流からは逸脱していると考えざるをえないからである。
古事記の成立については、その巻頭に付された「序」によってはっきりと確認することができる。そして、そこにも天武の意志が介在している。饒舌に語られる「序」のなかから、古事記成立の発端について述べた部分を引用する。

ここに天皇詔《の》りたまひしく、「朕《われ》聞く、諸家の賷《も》てる帝紀と本辞と、すでに正実《まこと》に違ひ、多く虚偽《いつはり》を加へたり。今の時に当りて、その失《あやま》りを改めずば、幾年も経ずしてその旨《むね》滅びなむとす。これすなはち、邦家《みかど》の経緯《たてぬき》、王化《おもぶけ》の鴻基《おほきもとゐ》なり。かれ、惟《おも》ひみれば、帝紀を撰録し、旧辞を討覈《たうかく》して、偽りを削り実《まこと》を定めて、後葉《のちのよ》に流《つた》へむと欲ふ」と。時に舎人《とねり》有り。姓は稗田《ひえだ》、名は阿礼《あれ》、年は廿八。人となり聡明にして、目に度《わた》れば口に誦《よ》み、耳に払《ふ》るれば心に勒《しる》す。すなはち、阿礼に勅語《みことのり》して帝皇《ていわう》の日継《ひつぎ》と先代《せんだい》の旧辞《きうじ》とを誦《よ》み習はしめたまひき。しかあれども、運《とき》移り世《よ》異《かは》りて、未だその事を行ひたまはざりき。

国家の根幹となる帝紀（天皇の事績）と旧辞（神話などの古い伝え）は、持ち伝える家々によって都合よく改編され混沌としている。このままでは国家の乱れにもなりかねないと案じた天武は、ただ一つの正統的な帝紀と旧辞を定めて後世に伝えようとし、側仕えの舎人、稗田阿礼《ひえだのあれ》に「誦習」させた。ところが、書物になる前に天武は亡くなってしまったということらしい。

後世、壬申の乱と呼ばれる王権簒奪のクーデターに勝利して天皇となった天武（大海人《おおあま》）が、一つの正しい歴史を希求するというのはよく理解できる。それによってこそ、血塗られた戦いは聖戦となり、自分こそが待ち望まれた始祖王となることができるのだから。

その天武の企てからおよそ三〇年あまりの時を経て、天武から数えて四代目元明《げんめい》天皇（阿陪《あへ》皇女、阿閉とも）が、和銅四年（七一一）九月一八日、太朝臣安万侶《おおのあそみやすまろ》という臣下に命じ、老いた阿礼が誦習する「勅語の旧辞」を文字に書き取らせたのが、和銅五年正月二八日に奏上された古事記三巻であると、「序」は伝えている。この元明という女帝は、天智天皇（中大兄）のむすめであり、天武と持統（鸕野《うの》皇女、天智のむすめ）とのあいだに生まれながら即位することなく夭折した皇太子草壁《くさかべ》皇子の妃であった。まさに歴史を受け継ぐにふさわしい人物といえよう。

古事記の「序」だけを読めば、そこに伝えられている歴史書の成立は、非の打ちどころのない、待ち望まれた史書の成立が語られていると読める。しかし、すでに述べてきた律令国家における史書と法との流れと、古事記「序」の説明とを重ねようとすると、大きな軋みを生じてしまうのである。なぜそのようなことが生じるのか。

二つの歴史書——日本書紀と古事記

もし古事記「序」の記述が正しいとすれば、なぜ天武は、律令国家の根拠となる史書編纂の開始を、大極殿に居並ぶ皇子や臣下たちに高らかに宣言しておきながら、一方で、舎人の稗田阿礼をこっそり召して、自分が正しいと考える歴史を「誦習」させる必要があったのか。こうした振る舞いは、壬申の乱という王権簒奪のクーデターを経て天皇となった天武にとって、我が身を危うくしかねない背信行為になりはしないのか。

ごく常識的に考えれば、先に引用した天武一〇年の史書編纂開始を告げる日本書紀の記述か、古事記「序」の説明か、そのどちらかが嘘をついているということになる。天武が二重人格だったとすれば可能かもしれないが、人心を掌握し国家を一つにしようとして腐心する王の行為として考えれば、古事記「序」に描かれた密室的な行動は疑惑を生むだけではないか。

そこでわたしは、古事記「序」のいう、天武の「削偽定実」と阿礼の「誦習」とによって行われたとする史書編纂の説明は、日本書紀の天武一〇年条を依りどころとして作られた後世の偽作であると見なすのである。なぜなら、そう考えるのが、律令国家において七、八世紀になされた史書成立に至る経緯を踏まえた時、もっとも論理的な説明を可能にするからである。その詳細については、旧著『古事記のひみつ』などを参照願いたい。

ところがというか、もちろんというか、こうした考え方を支持する研究者はごく少数である。古事記も日本書紀も律令国家が求めた史書であると考えて疑いを挟もうとしない。当然のごとくに、「記紀」(古事記と日本書紀のこと)という呼称を用いて神話を論じ、古代を論じようとする。

近代が創り出した「記紀」という呼称には、古事記と日本書紀とをまるで八歳違いの双子であるかのように認識させてしまう呪力が埋め込まれており、その結果、どちらも律令国家が必要とした史書だという、どう考えても矛盾だらけの論理を現代に至るまで生き延びさせたのである。そしてそれは、倒幕というクーデターによって成立した簒奪国家でありながら、万世一系の天皇を戴く親政国家を装うことで近代の覇者となった明治政府にとっては、まことに好都合なことであった。正史であるゆえに味気ない日本書紀の描く歴史と、物語としてのおもしろさに満ちた古事記の神話や伝承とを混ぜあわせることで、近代市民国家のための歴史を創出することができたからである。その近代のロジックに騙されて、「記紀」への信仰は今も生き続けている。

風土記を考えるための前提として

風土記という作品を考えるためには、日本書紀とともに古事記の神話や伝承を取りあげる機会がしばしば生じる。そこではじめに確認しておきたいことは、古事記と日本書紀をともに律令国家の内部で編まれた史書として並列的にとらえるという、近代国家が企図した作為から古事記を解放したいということである。両書には、同じような神話や伝承が載せられているが、その中身は似て非なるものであり、まったく別個の作品であると認識する。その上で、風土記に載せられたさまざまな神話や伝承と重ねながら論じてみる。すると、今まではわからなかったことが見えてくるに違いないのである。

具体的には第三章以下で語ることになろうが、たとえば、古事記と日本書紀とでは、根っこは同じと思われる神話や伝承を伝えながら、なぜあれほどに違う内容になってしまうのか。おそらく、日本書紀の日本武尊と古事記の倭建命との違いを、律令国家が要請した遠征する皇子像と、国家の周縁で求められたさすらう御子像として把握できると思うのだが、そうした認識を風土記にみられるヤマトタケルという人物に当てはめたときに、何が言えるか。それを語るためには、古事記と日本書紀との違いを明確に認識しておかねばならないのだということを、ますばは言挙げのように指摘しておきたい。

第二章　現存風土記を概観する

残念ながら、いや幸運なことにと言うべきか、現在われわれの前に遺された風土記には、一部の省略や欠損があるものも含めてほぼ全容のわかる五か国と、後世の文献に引用されて散逸をまぬかれた諸国風土記の断簡群（「逸文《いつぶん》」と呼ぶ）とがある。そして、それらの風土記をみると、同じ官命に応じて撰録された作品でありながら、その内容は、国ごとにずいぶん違ったものになっている。それがまた風土記の魅力でもある。

現存する風土記の内容や性格については次章以降に述べるが、ここではそれに先立ち、それぞれの風土記の成立と特徴を簡略に紹介して作品の概観としたい。

撰録命令を受けた国々

和銅六年（七一三）五月甲子（二日）に出された官命（官符）は、畿内《きない》七道の諸国に向けて発せられた。具体的にいうと、官符が出た段階で存在する諸国は以下の六一か国と三島である。

畿内（四国）　山城《やましろ》、大和《やまと》、河内《かわち》、摂津《せっつ》

東海道《とうかいどう》（一三国）　伊賀《いが》、伊勢《いせ》、志摩《しま》（独立時期に疑義あり）、尾張《おわり》、三河《みかわ》、遠江《とおとうみ》、駿河《するが》、伊《い》豆《ず》、甲斐《かい》、相模《さがみ》、上総《かずさ》、下総《しもうさ》、常陸《ひたち》
東山道《とうさんどう》（八国）　近江《おうみ》、美濃《みの》、飛驒《ひだ》、信濃《しなの》、武蔵《むさし》、上野《かみつけ》、下野《しもつけ》、陸奥《むつ》
北陸道《ほくりくどう》（五国）　若狭《わかさ》、越前《えちぜん》、越中《えっちゅう》、越後《えちご》、佐渡《さど》
山陰道《さんいんどう》（八国）　丹波《たんば》、丹後《たんご》、但馬《たじま》、因幡《いなば》、伯耆《ほうき》、出雲《いずも》、石見《いわみ》、隠岐《おき》
山陽道《さんようどう》（八国）　播磨《はりま》、美作《みまさか》、備前《びぜん》、備中《びっちゅう》、備後《びんご》、安芸《あき》、周防《すおう》、長門《ながと》
南海道《なんかいどう》（六国）　紀伊《きい》、淡路《あわじ》、阿波《あわ》、讃岐《さぬき》、伊予《いよ》、土佐《とさ》
西海道《さいかいどう》（九国と三島）　豊前《ぶぜん》、豊後《ぶんご》、筑前《ちくぜん》、筑後《ちくご》、肥前《ひぜん》、肥後《ひご》、日向《ひゅうが》、大隅《おおすみ》、薩摩《さつま》、多禰《たね》、壱岐《いき》、対馬《つしま》

これらの国のなかには、官符が出る前の四月に独立したばかりの国（丹後、美作、大隅）があったり、官命から何年か後に新たに分立した国（芳〔吉〕野監《げん》、和泉監《いずみ》、安房《あわ》、石背《いわせ》、石城《いわき》、能登《のと》）があったりするので、実際に官命に応じて「解《げ》」を提出した国が何か国であったかははっきりしない。

現在、いちおうまとまったかたちで遺る風土記（「解」）は、常陸、出雲、播磨、豊後、肥前の

五か国であるが、後の文献に引用されて遺った逸文が数多く存在する。逸文のなかには、古風土記の残簡とするには疑わしい資料も含まれており、正確な国数は把握できないが、およそ三〇～四〇か国となる。この数字に対して欲を言えばきりはないが、これだけ多くの国々の記録が断片的な記事を含めて今に遺されたというのは、日本列島の古代を考える上でたいへん幸運なことではないかと思う。

1 常陸国風土記のあらまし

概要

常陸国風土記は、「常陸の国の司の解　古老の相伝ふる旧聞を申す事(常陸国司解　申古老相伝旧聞事)」という標題から始まっており、それが官符に対する報告文書「解」であるということがはっきりと示されている。

巻頭に常陸国(現在の茨城県に相当)全体を紹介する総記が置かれ、あとは、中西部に位置する新治《にいばり》郡から反時計回りに、筑波《つくは》、信太《しだ》、茨城《うばらき》、行方《なめかた》、香島《かしま》、那賀《なか》、久慈《くじ》、多珂《たか》という順序で各郡の記事が並べられている。巻末記はない。

筑波郡の北の白壁郡と南の河内《こうち》郡の記事を欠くが、もともと存在しなかったというよりは省略されたとみるのがいいだろう。というのは、常陸国風土記は、ほぼ全体が遺されているのだが、途中にいくつも、「以下略す（以下略之／已下略之）」という書き込みがあり、本来の風土記からみると大幅に省略された写本しか残存していないのである。

常陸国風土記の全体は、冒頭にある「古老相伝旧聞」と思われる記事が中心になっており、それは官符の一項目とも対応するのだが、現存風土記ではその部分を残し、地誌的な性格が濃厚な他の記事を省略したのかもしれない。そのおかげといえるだろうか、本風土記は他の現存風土記に比べて物語的な性格が強く、読み物としておもしろい。

常陸国

そうした手入れをしたのは鎌倉時代とみる見解が有力である。しかし、写本は何本か遺されているが江戸時代初期をさかのぼる古い写本は存在しないために、省略された時期および手を入れた人物を特定することはできない。

撰録者についても不明だが、官符がくだされるのは朝廷から派遣されている常陸国守に対してであるから、国守を中心として国司層が撰録したとみるのがわかりやすい。ただ、それぞれの郡の事情については土着豪族のなかから任命される郡司たちのほうが詳しいはずで、かれらが一次的な筆録を行い、それを国府で整理するというような手順がとられているのではないか。

成立

和銅六年(七一三)五月に官命が出され、その報告文書「解」が朝廷に提出されたのはいつのことかも判明しない。ただ、推測できるところが一つあり、それは、本風土記の各郡ごとに記述された記事の行政単位が、「里《り》」制を採用している点である。

郡《こおり》の下に里《さと》を置く「郡里《ぐんり》」制の行政組織は律令国家における地方行政の根幹をなす制度であるが、経年による家族構成の変動などにより、固定化した戸籍編成に基づいた五〇戸一里という行政村の維持が困難となり、霊亀《りょうき》三年(七一七)には、諸国の行政単位として「郡郷里《ぐんごうり》」制が施行されることになった。従来の里を「郷《さと》」と言い換え、その下に「里《こざと》」を置いて戸籍を改編しないままに実態的な家族構成と齟齬しない形態に移行しようとしたのである。

ちなみに、この「郷里」制の施行については、従来、出雲国風土記の最初に置かれた「総記」中の「霊亀元年の式に依りて、里を改めて郷と為《な》す（依霊亀元年式、改里為郷）」という記事によって「霊亀元年」と見なされていたが、近年の研究によって「元年」は「三年」の誤写とされ、霊亀三年説が有力になっている。もし元年が正しいとすれば七一五年ということになるが、遅くとも、和銅六年の官命から四年以内に、「里」制を採用する常陸国風土記は撰録された。とすると、その当時の常陸国守は、『続日本紀』によれば和銅元年（七〇八）三月に任命された阿倍狛《あへのこま》朝臣秋麻呂《あきまろ》、それに応じて「解」を提出したのは秋麻呂か、同七年（七一四）一〇月に国守に任じられた石川朝臣難波麻呂《なにわまろ》のどちらかということになる。

ただし、この見解には異論がないわけではない。それぞれの記事の冒頭に記される行政単位の表示は「里」を採用するのが大方の表記だが、文中には「白鳥《しらとり》郷」（香島郡）とか「太田《おほた》郷」（久慈郡）とかの「郷」の表記もみられるからである。あるいはまた「遠迩《をちこち》の郷里《むらさと》」（久慈郡）という表記もある。これらの記述が霊亀三年の式に対応した行政単位としての「郷」をさしているとすれば、七一七年以降に成立した可能性も視野に入れなければならない。

ただ、例外的に用いられた「郷」の表記は、「さと」という和語に一般的な「郷」の漢字を宛てたにすぎないと考えれば、常陸国風土記の行政村の表記は「里」で統一されており、そこから本風土記の成立を七一三年から七一七年のあいだと限定することができるのである。そしてわたしは、そのように考えるのが妥当ではないかと考えている。

というのは、古代も現代も中央官僚というのは有能であり、命令を受ければ、それに忠実に応えて任務を遂行するはずだと考えるからである。それを、出雲国風土記が官命から二〇年も経て成立したという例外的な事例を根拠に成立時期を遅らせるのは、本末転倒である。それこそ、後述するように、出雲国風土記のほうに特殊な事情があったとみるべきで、官命に対する「解」はできるかぎりすみやかに処理するのが、今も昔も官僚たちの当然のならいであった。

撰録者

出雲国風土記の存在以外に、常陸国風土記の成立を繰り下げたい理由はもう一つあって、それは撰録者の問題である。

ほとんど根拠はないのだが、常陸国風土記の撰録者として名が挙がるのは、藤原宇合《うまかい》である。この人物は、藤原四兄弟の一人で藤原氏の御曹司だが、養老三年(七一九)に各地の按察使《あんせちし》を命じる『続日本紀』の記事のなかに、「常陸国守正五位上藤原朝臣宇合は安房・上総・下総の三国」とある。中臣氏の出自ともかかわるとされる常陸国にとってはことに思い入れの強い藤原氏の御曹司である宇合が、その前年の養老二年に唐から帰国してすぐ、常陸国守として任命されていたことが確認できるのである。そのために、宇合の在任中に(解任時期は不明)、常陸国風土記は撰録されたという説が主張されるのである。

宇合の赴任時には、伝説歌を得意とする万葉歌人として知られる高橋朝臣虫麻呂《むしまろ》も役人の一人として仕えていたとみられるのだが、この有名人二人が常陸国風土記の撰録にかかわっていてほしいという願望が、常陸国風土記の成立年推定の下支えをしている。そのために、霊亀三年以前とする「里」制を前提とした根拠は等閑視されやすいのではないかと勘ぐる次第である。一種の有名人病である。宇合にしたいために、常陸国風土記は見事な漢文を駆使しているというような理由が取り沙汰されるが、漢文が巧みに操れたのは宇合一人ではないはずで、当時の国司層の知的レベルを問題にしないかぎり、取って付けたご都合主義の説明になってしまう。

以上の考察を踏まえて本書の立場を鮮明にしておけば、常陸国風土記は和銅六年(七一三)から霊亀三年(七一七)のあいだに撰録され、その責任者は、国守であった阿倍狛秋麻呂か石川難波麻呂であったと見なすのがよいということになる。そして、そう考えると本風土記は、日本書紀が成立する以前に編まれたということになる。このことは常陸国風土記を考察する上で大事なことだと思う。わたしの考えでは古事記は律令国家の史書ではなく（第一章3、参照）、日本書紀（「日本書」紀）という国家の正史が編まれる前に常陸国風土記が撰録されたからこそ、次章で論じるように「倭武天皇《やまとたけるのすめらみこと》」も存在しえたのである。

2　出雲国風土記のあらまし

成立

出雲国風土記は、その成立年と撰録者がはっきりと記された唯一の作品である。しかも出雲国（島根県の東半分）は、古事記の出雲神話に語られるように、神話的・宗教的に特別の性格をもつ土地であり、出雲国風土記が遺されたのはたいそう貴重なことだといえる。

その出雲国風土記の巻末には次のような記載がある。

天平五年二月卅日、勘《かむが》へ造る。
秋鹿郡《あいかのこほり》の人、神宅臣金太理《みやけのおみかなたり》
国造《くにのみやつこ》にして意宇郡《おうのこほり》の大領を帯びたる外《げ》正六位《しやうろくゐ》上勲十二等、出雲臣広嶋《いづものおみひろしま》この作品は、和銅六年（七一三）の官命から二〇年後の天平五年（七三三）に、出雲国造であった出雲臣広嶋から朝廷に提出された。秋鹿郡の神宅臣金（全とも）太理が直接筆を執った撰録者であり、広嶋は責任者ということになろう。この人物は、神亀《じんき》元年（七二四）正月に朝廷に出て「出雲国造神賀詞《いずものくにのみやつこのかむよごと》」を奏上しており、その前年に父・果安《はたやす》を継いで国造を世襲したとみられる。国造の退任年は明らかでないが、『続日本紀』天平一〇年（七三八）二月に叙位の記事があり国造であったことはわかっている。

巻末の日付と署名のほか、出雲国風土記にはそれぞれの郡の記事の末尾に次のような署名があり、郡ごとの撰録者が明示されている。

郡司
主帳《しゅちゃう》　无位《むゐ》　海臣《あまのおみ》
　　　无位　出雲臣《いづものおみ》
少領《せうりやう》　従七位上勲十二等　出雲臣
主政《しゅしやう》　外少初位上勲十二等　林臣《はやしのおみ》
擬主政《ぎしゅしやう》　无位　出雲臣
（意宇《おう》郡）

意宇郡の例を引いたが、この形式は他郡もほぼ同様である。「主帳」は郡の役人(郡司)の書記のことで、所属郡の記事を記録した人物、あとの三名は郡の責任者である。ここに郡のトップである大領の名が出てこないのは、意宇郡の大領が国造でもある出雲臣広嶋だからである。

これらの記載をみると、出雲国風土記の成立はとてもはっきりしている。その成立年月日と撰録者の記載に疑わしい点はない。以前は、二月卅(三〇)日について、天平五年の二月は小の月(二九日まで)であるからこの奥付の日付は疑わしく、出雲国風土記は偽書ではないかという説も行われていたが、「二月卅日」の日付をもつ文書の存在などをもとに疑いは晴らされている(益田勝実・岡田清子)。

成立への疑義

記された成立年と撰録者を疑う隙はない。では、すべて納得できるかというと、そうはいかない。情報が多ければ多いほど疑問もまた出てくる、というのはよくあることだ。

たしかに二月三〇日は認められたとして、天平五年に作られたのはなぜか。中央政府から地誌撰録命令が出された和銅六年から二〇年も経て提出されたとして、その「解」を朝廷のほうは受け取ったのか。常陸国風土記について述べたように、当時の役人はそれほど無能だったとは思えない。

そしてそのこととつながるのだが、官符は、朝廷の出先機関である国庁（国守）に向けて出されたもので、撰録は中央から派遣された国司レベルで行われるはずである。それが、出雲国風土記では郡司層が記録し、国造が責任者になっているというところに不自然さはないのか。

この二点、成立年と撰録（勘造）者の問題は、出雲国風土記を考えるうえでもっとも大きな疑問点になるのだが、ここでは問題提起に留め、くわしい分析は第四章にゆずりたい。

付け加えておけば、出雲国風土記の写本は、江戸時代に入る前から書写が行われていたという事実は確認できるが、現存する写本は、江戸をさかのぼることはない。他の風土記も同じだが、中央に提出された原本からの書写ということは考えにくく、写本の少なさはそれぞれの国許に遺されていた副本等から伝写されているという事情もかかわっているようだ。

概要

全体は、巻頭に総記を置き、国府のある意宇《おう》郡から反時計廻りに、嶋根《しまね》、秋鹿《あいか》、楯縫《たてぬい》、出雲《いずも》、神門《かんど》、飯石《いいし》、仁多《にた》、大原《おおはら》の順に各郡の記事を並べ、最後に巻末記を記すという整った体裁をと

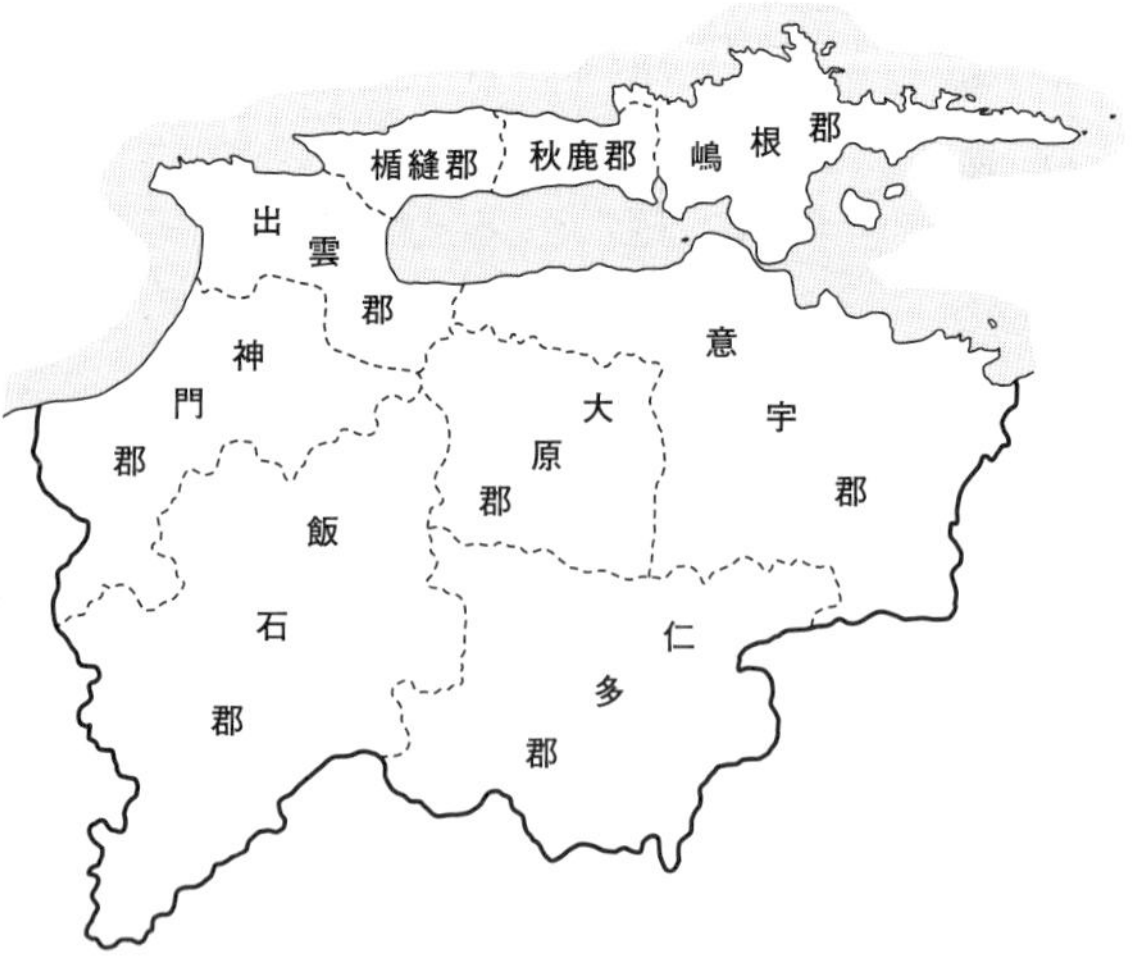

出雲国

っている。省略や脱落もなくほぼ完全なかたちで伝えられているとみてよい。

内容をみると、和銅六年の官命に記された五項目の条件のうちの、土地の肥沃状態を除いた、郡・郷の名に好ましい漢字を付ける、郡内に産出する鉱物・植物・動物などの物産目録を記録する、山川原野の名前の由来を記す、古老が伝える「旧聞異事」を筆録するという四項目に、忠実に対応して記載されている。現存する他の風土記に比べると、各地の産物や生物の記録などが詳細であるほか、郷や山などについては郡家（郡役所）からの方角と距離が、川の場合には郡家から水源地の山までの距離と流れる方角が、池や島や浜などに関してはその周囲の距離が、数字を用いて厳密に記載されており、地誌的な性格が濃厚である。

また、他の現存風土記とは違い、本風土記には天皇が登場する伝承が一つもない。年代表示として、「飛鳥浄御原《あすかきよみはら》の宮に御宇《あめのしたしろ》しめしし天皇の御世」一例と「志貴(紀)島の宮に御宇しめしし天皇の御世」二例、「纏向の桧代の宮に御宇しめしし天皇」が「健部」の設置を命じたという記事一例があるのみ。加えて、ヤマト(大和・倭)という固有名詞も見あたらず、代わりに「朝廷《みかど》」という呼称が二度用いられている。

このようにみると、出雲は毅然としてみずからの立場を主張しているように読めるのだが、では風土記の記事がすべて出雲の側の視線によって描かれているかというと、かならずしもそうとは言えない。たとえば、巻末記には、国内を東西に貫通する山陰道を背骨として、そこから枝分かれした主要な道路の方角や距離が記されており、その記述方法について赤坂憲雄は、「郡レヴェルの記事においては、郡家という権力の中心からの眼差しによって空間が分節化」されているのに対して、「国レヴェルの権力の中心であるはずの国府は、巻末総記のなかでは、空間を仕切る要石《かなめ》の役割」を与えられず、「出雲の国の全空間＝領域を統べる中心は、疑いもなく公道(五畿七道の一つである山陰道)をさかのぼった果てに鎮座する、視えざる中心＝都＝天皇」になっていると指摘する。

二重化された視座

たしかに、国府の置かれた意宇郡から始まる記載順序も、ヤマト朝廷の都である平城京を起点とした山陰道の入り口に意宇郡が位置するからだということに気づかされる。そのことは、現存する播磨・豊後・肥前の各国風土記の記載が、国府の置かれた郡を無視して、それぞれの公道の入り口に位置する郡から起筆しているという点とも一致する。

ところが一方で、出雲国風土記には出雲の側の視線が明瞭に見いだせる部分も存するのである。よく知られた「国引き詞章」の場合（詳細は第四章）、海のかなたから大地を引き寄せた巨大な神、八束水臣津野命《やつかみずおみづののみこと》が鎮座したという「意宇の杜《もり》」を定点として、島根半島を西から東に俯瞰するという構図をもつ。その視線は、石母田正《いしもだしょう》が指摘したように、出雲の地形全体に対する統一的な観念をもった支配者の存在を窺わせるのであり、それは、出雲という世界が王権的なクニ（国）として固有に存在していたからである。そのために、国引き詞章では意宇という土地に中心点が据えられ、ヤマトを中心と見なす律令国家の介在は見いだせない。

おそらく出雲国風土記には、独立した世界と見なしうる出雲固有の版図の認識と、律令国家の側の版図の認識とが混在している。その二重性のなかにこそ、出雲国風土記に描かれた出雲は存在するのであり、そこに撰録者として登場する出雲臣という国造の存在は、大きな意味をもつとわたしは考えている。ただし、国造という立場に就きながら、ヤマトに背を向けて土着的な存在でいられたかどうかについては、第四章で考えたい。

また、このこととかかわるのではないかと思うが、古事記に大きな分量を占めるいわゆる出雲神話が、出雲国風土記には語られていないことが指摘される。そこから、古事記は国家の歴史書で、出雲国風土記は地方の記録であるというような主張がまかり通ることにもなるのだが、ことはそれほど単純ではないというのが、わたしの見方である。そもそも古事記は国家の歴史書ではないとわたしは主張している。

出雲国風土記に、古事記に語られる稲羽《いなば》のシロウサギ神話や根《ね》の堅州《かたす》の国訪問神話が存在しないのはたしかだが、一方で、古事記と共通する出雲の神々は風土記のあちこちに見いだせる。また、古事記に描かれた出雲の神々の神話が描かれていないという点からみれば、出雲国風土記と日本書紀とはとても似ているわけで、先にふれたように、出雲国風土記における郡の並べ方は、日本書紀的な律令国家の論理に基づいているとも言えるのである。それらもろもろの疑問点は、第四章でじっくりと考えてみたい。

3　播磨国風土記と豊後国・肥前国風土記のあらまし

播磨国風土記

播磨国風土記は、現存する風土記のなかでは比較的古い、平安時代末頃に書写されたと考えられる写本が伝えられている。ただし巻頭部分の明石《あかし》郡が欠落しており、本文は明石郡の西に位置する賀古《かこ》郡から時計回りに、海岸線に沿って印南《いなみ》、餝磨《しかま》、揖保《いいぼ》と進み、北に移り讃容《さよ》郡から宍禾《しさわ》、神前《かんざき》、託賀《たか》、賀毛《かも》を経て美嚢《みなぎ》郡で閉じられる。海岸部の西端に位置する赤穂《あこう》郡の記事がなく、明石郡とともに脱落したものと考えられる。

巻末記や奥付は付されておらず、成立年や撰録者などの情報は存在しない。ただし、常陸国風土記の場合と同様、ある程度の限定は可能である。播磨国風土記の記事が、「郡里」制に基づいて記述されているからである。そこから推測すれば、成立は、常陸国風土記と同様、和銅六年(七一三)から霊亀三年(七一七)のあいだに位置づけることができる。

なお、その時期の播磨国守の名は『続日本紀』には出てこないが、漢詩集『懐風藻《かいふうそう》』に「従四位下　播磨守　大石王」の名があり、この人物が従四位下の位にあったのは、『続日本紀』

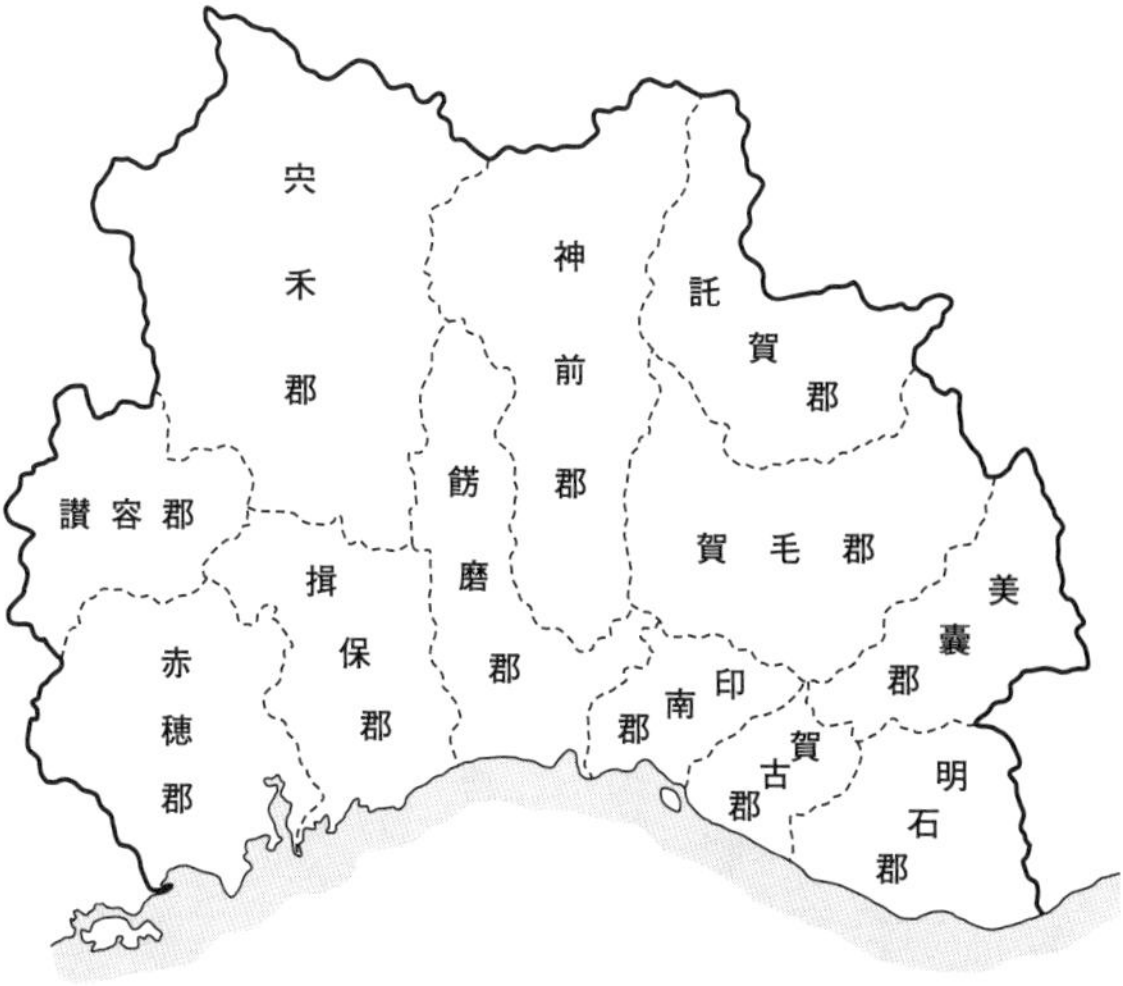

播磨国

の叙位記録によれば和銅六年四月から養老七年(七二三)正月である。したがって、そのあいだのいずれかに播磨国守の職にあったということになる。ただし、和銅六年八月に摂津太夫(摂津職の長官)に任命されているので、大石王の播磨国への赴任時期は、風土記が上申された後とみられる。したがって、当国風土記の撰録責任者を特定することはできない。

内容についていうと、播磨国風土記にはいくつかの特徴が見いだせる。たとえば、民間伝承として語られていたらしい地名起源譚が数多く採録されていること、ヤマトの天皇たち、とくにホムダワケ(応神《おうじん》天皇)の伝承が多く、そのなかには笑い話と思われる滑稽な話が存在すること、出雲を本拠とする神(オホナムヂ、大汝命）がしばしば登場すること、土地の肥沃状態が「上の上」から「下の下」までの九段階に分けて詳細に記述されていることなどである。

これらのいくつかについては、のちの第五章で取りあげる。

豊後国風土記と肥前国風土記

西海道《さいかいどう》（九州諸国）の風土記として豊後《ぶんご》国風土記と肥前《ひぜん》国風土記が遺されているが、いずれも抄出本で完全なかたちではない。豊後国は北部の宇佐《うさ》地方をのぞいた大分県、肥前国は佐賀県と壱岐《いき》・対馬《つしま》を除いた長崎県だが、九州諸国には、この二国も含めて風土記の一部が後世の書物に引用されて遺った逸文も多い。そして、西海道風土記の逸文には二種類の系統があることが指摘されており、豊後国風土記と肥前国風土記とを含む律令国名（筑前国、筑後国、豊前国など）が付された風土記を甲類風土記、律令以前に九州全体をさす筑紫《つくし》国という呼称のもとに遺されている風土記の記事を乙類風土記と呼んで区別している。

このうち、豊後国風土記・肥前国風土記を含む甲類風土記は、霊亀三年（七一七）以降に施行された「郷里」制によって記述され、日本書紀の引用も散見されるために、その成立は日本書紀が成立した養老四年（七二〇）以降であるとみるのがほぼ通説になっている。そして、これらの風土記は共通する表記も多く、西海道諸国を管轄していた大宰府において最終的な撰録がなされたのではないかと考えられている。

ただし、甲類風土記の記事と編年体で編まれた日本書紀の記事とを比べると、その書きざまには違いがあり、日本書紀をそのまま引用するのではなく、地理的な記述を目的とする風土記

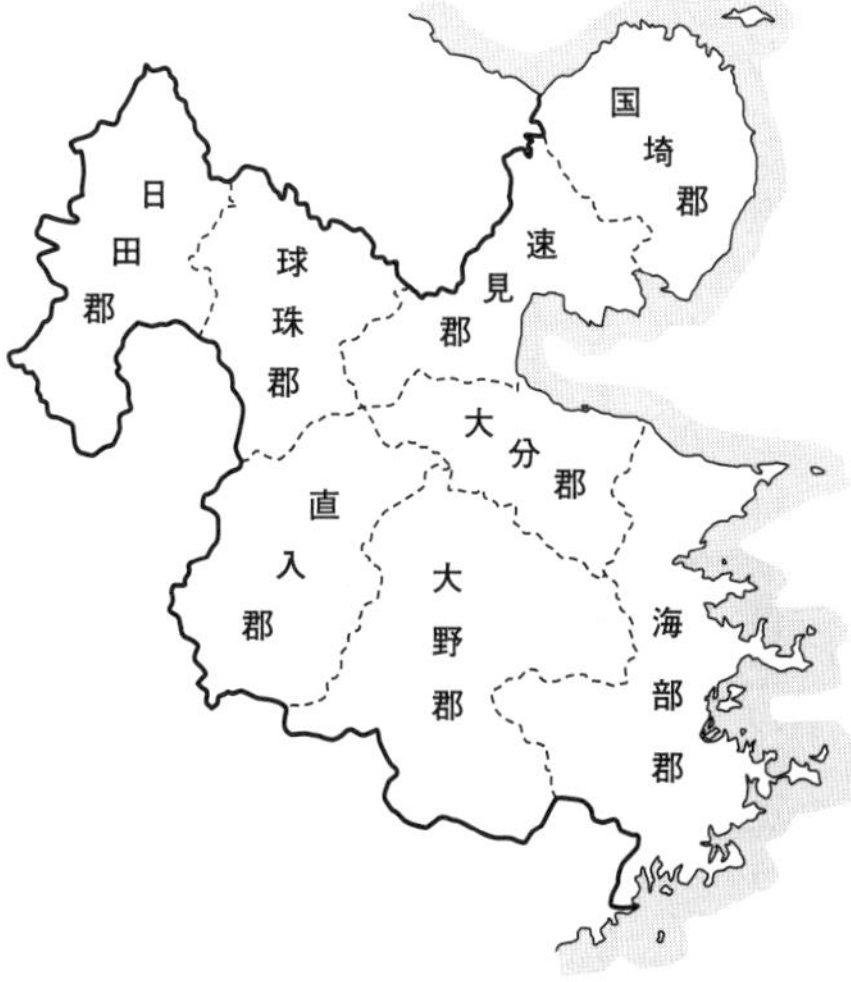

豊後国

肥前国

は、地誌としての再構成がなされていると橋本雅之は指摘する。この指摘を展開させ、九州諸国の「解」を撰録する立場にあった大宰府の役人が「日本書」地理志を編もうとする意図をもっていたと想定できるとすれば、「遠《とほ》の朝廷《みかど》」と称される大宰府と、諸国国庁とのレベルの違いがはっきりとあらわれているということになる。

一方の、乙類風土記と称される逸文類をどのようにとらえるかは、議論百出といった状態で、通説的な共通理解が得られているとはいえない。乙類を、甲類より古いとみるか新しいとみるか、日本書紀の成立より前とみるか後とみるか、それさえ決定しえないのである。ただし、どちらの風土記も日本書紀の影響を受けていると考えると、日本書紀の九州関係の記事、オキナガタラシヒメ（気長足姫、神功皇后《じんぐう》のこと）やオホタラシヒコ（大足彦、景行《けいこう》天皇のこと）の遠征にかかわる記事は、すべて日本書紀の編纂時に作られたということにもなりかねない。が、はたしてそう考えていいかどうか、やっかいな問題に突き当たる。あるいは、共通する祖伝といえる記録が存在し、そこから日本書紀と乙類風土記とにそれぞれ伝えられたとも考えられる。

もちろん、豊後国風土記も肥前国風土記も逸文類も、そのすべてが日本書紀と共通する記事で占められているわけではなく、風土記独自の記事もさまざまに伝えられている。そしてそれらのなかには土着の伝承が拾い上げられたとみられるものも多く、九州地方における古代の伝承の一端を知ることができるという点で、貴重な資料となる。

逸文風土記

すでに何度か出てきたように、後世に書かれた他の文献に引用されて遺った諸国の風土記の記事を逸文と呼ぶ。ただし、その逸文には、和銅六年（七一三）の官命に応じて書かれた古風土記の記事もあるが、それとは別の後の時代に書かれた記事も風土記という名で拾われており、どこまでを和銅の風土記として認定するか、判断のむずかしい資料も多い。

ただ、後世の文献に運良く遺された記事というのは、それが採録者にとって興味があったからであり、逸文に拾われている記事は、われわれにとってもおもしろくて大事な資料であることが多い。たとえば、浦島太郎の元祖とみてよい浦島子《うらしまこ》という人物の伝奇小説（丹後《たんご》国風土記逸文）、天から女や白鳥が降りてきて人間の男と結婚したり、子となって家を富ますという天人女房系の伝承（近江《おうみ》国風土記逸文、丹後国風土記逸文）など、文学史的に貴重な資料がいくつも遺されている。

それら逸文のなかには、古代の文献がまったく伝えられていない地域の伝承が多く含まれている。そのおかげで、わたしたちはほかでは窺い知ることのできない各地の情報を手に入れることができるわけで、古代の日本列島を知ることのできる宝箱、それが風土記だということができるのである。

4　古老相伝旧聞異事について

古老

風土記の編纂命令に記された五つの項目のなかで、現存風土記がもっとも重きを置いているようにみえるのが、「古老相伝旧聞異事」である。常陸国風土記の巻頭にはわざわざ、「常陸の国の司の解　古老の相伝ふる旧聞を申す事」とあり、本文中には、「古老曰へらく」という書き出しで多くの伝承を載せている。国家や王権に隷属する「語り部」や、共同体から離されたホカヒビト(乞食者)など、ある種専門的な語りの徒に対して、村落共同体の側の伝承の担い手となる存在が「古老」である。

共同体の側に相伝されている「旧聞異事」を律令国家が要求したのは、それらを手に入れることで、諸国を、中央に対する地方として律令国家の版図に組み込もうとしたからである。「日本書」地理志を編むというのはそういうことだといってよかろう。それが国家の空間軸を完成し確認することだった。当然それは、天皇家を中核に据えた歴史的な時間軸（『日本書』紀）と対になるものであった。

風土記撰録の官命で要求されている「山川原野名号所由」や「旧聞異事」は、それぞれの土地の根拠としての神話だったはずで、国々がそれを「解」として提出することは、意識としては服属に等しい行為だということもできる。原理的にいえば、共同体を保証するフルコト（古語／古言／古詞／旧辞）は、神の側のものとしてあった。だからこそ、常陸国風土記に顕著なように、そうした伝承は「古老曰へらく」というかたちになる。つまり、古老という存在は、大《だい》嘗祭《じょうさい》で古詞を奏上する王権の語り部と同じく（後述）、神の立場で語る者という位置に置かれるのである。

こうした風土記の古老について斎藤英喜は、「共同体を構成する一員でありつつ、同時に共同体の外の存在」であり、「外と接する存在」、「村落が成り立つ以前の世界の〈記憶〉であることで敬われつつ、嫌われ疎まれる身体をもつ」存在であると述べている。おそらく、そうした語り手としての古老は、王権における王あるいは首長といった存在の原形的なあり方と重ねられる者であるということができる。

村落共同体における家や共同体のなかで、生産の世代を超えた老人の世代が語りを保持する唯一の存在になりえた。そしてまた一方では昔話が、瞽女《ごぜ》や六部《ろくぶ》（六十六部の経典を奉納しながら諸国を巡る宗教者）あるいは薬売りや行商人など巡り歩く者たちによって担われてもいたように、古代における語りは共同体を離れたホカヒビトのものでもあった。

制度としての語り部

国家あるいは王権の内部において、制度として存在し、それを支える歴史（神話）を口承によって管理し伝承する「語り部」という存在は、たとえば八世紀においては、すでに記憶としてしか存在しなかったかもしれない。なぜなら、国家はその歴史を史書という体裁のなかに文字化するという営みを、七世紀初頭の「天皇記・国記」の編纂以来絶えることなく続けていたし、在地の王権は早くにヤマト（天皇）に服属し、歴史（神話）を語り継ぐ基盤をとうの昔に喪失してしまっていたのだから。

そうした状況で、痕跡として遺る断片から復元することのできる語り部像は、きわめて限られた姿しか見せない。そのなかで、古事記「序」に名前の登場する稗田阿礼《ひえだのあれ》は、語り部の末裔ともいえる存在だったと見なすことができる。もちろん、古事記「序」がほんとうに和銅五年（七一二）に書かれたものかどうかを議論するのではなく、原理的な問題を抽出するために取りあげているのだということを理解してほしい。

時に舎人《とねり》有り。姓は稗田《ひえだ》、名は阿礼《あれ》、年は廿八。人となり聡明にして、目に度《わた》れば口に誦《よ》み、耳に払《ふ》るれば心に勒《しる》す。すなはち、阿礼に勅語《みことのり》して、帝皇《ていわう》の日継《ひつぎ》と先代《せんだい》の旧辞《きうじ》とを誦《よ》み習はしめたまひき。

その行為が文字（書物）を介したものであったにしろ、阿礼は歴史（神話）を音声に還元することのできる才能をもつと伝えられている。「阿礼は古代社会において、『誦む』ということ、言葉を口に乗せるということがまだ必要であった時に、記憶の特殊才能者としてあらわれた。書承時代にはいってきているから『聡明』とも感じられたか」と藤井貞和は指摘する。

大嘗祭の語り部——古詞奏上

古事記「序」に時代錯誤的に登場する稗田阿礼という存在は、国家の歴史（神話）が語りという音声の力をどのように抱え込んでいたかということを示している。そしてそれは、天皇の即位儀礼と地方の服属儀礼とが絡みあった大嘗祭という場に象徴的に残留し続けており、そこからは王権における語り部の存在が浮かび上がってくる。

　平安時代のことになるが、天皇の即位儀礼である大嘗祭に、諸国から語り部が出てきて「古詞を奏す」という儀礼が行われている。たとえば、『延喜式《えんぎしき》』（一〇世紀初め成立）巻七には、伴《ともの》宿祢《すくね》一人と佐伯宿祢《さえきのすくね》一人が、それぞれ語り部一五人を引き連れて東西の掖門《えきもん》から入り、定められた場所に着いて古詞を奏す、とみえる。そして、その語り部は、「美濃に八人、丹波に二人、丹後に二人、但馬に七人、因幡に三人、出雲に四人、淡路に二人」（同書）とあり（いずれかの国に二名分の脱落があるらしい）、美濃国以下七か国から出仕するというのは、『儀式』（九世紀後半成立）、『北山抄《ほくざんしょう》』（藤原公任《きんとう》撰、平安中期成立）などの書物でも一致する。

　その場で奏される詞章は「古詞」と呼ばれている。この語はフルコトと訓読されており、具体的な内容はわからないが、伝承されてきた固定的な詞章であったとみてよい。おそらく、奏されるフルコトは、指定された七つの国に伝承されていた固定的な詞章であり、それが、それぞれの国に住む語り部によって唱えられたのであろう。

　なお、古詞奏上は、吉野国栖《くず》の「古風」、悠紀《ゆき》国の「国風」、隼人《はやと》の「風俗舞」などと同じ場で行われるところからみて、語り部の古詞は、古風や国風や風俗舞と同じ性格をもつと認識されていたということになる。それらはいずれも、天皇の即位儀礼の場で、それぞれの氏族や地域の服属の証しとして舞われたり歌われたりするものであり、諸国の語り部が奏するというフルコトも、服属儀礼として行われていたとみてよい。

付記すれば、大嘗祭で語り部を出す七か国のうち、出雲・丹波・但馬の三か国は、日本書紀に神宝献上譚が語られている。その地を支配していた王（豪族）のレガリア（王権を象徴する品物）ともいえる神宝、たとえば天上から伝えられた玉や犬の腹から出てきた玉など王権の起源を保証する品だが、それを朝廷（天皇家）に献上することになった謂われを語り伝える伝承である。当然それらの伝承は、天皇家とは別に存在した各地の王権がヤマトに服属していった歴史とかかわって伝えられている。そのような次第を諸国の語り部が、天皇の即位儀礼（大嘗祭）のなかで語っていたらしいのである。

大嘗祭で語られる七か国の古詞が、日本書紀に載せられているような服属伝承であったかどうかは判然としない。おそらく、律令国家の成立以前にそれぞれの土地に存立していたであろう在地王権の、ヤマトへの服属にともない、服属の誓いを確認する儀礼として古詞奏上が行われ、それを語る存在として「語り部」がいたということになるだろう。

なお、『北山抄』巻五に、「次に語り部、古詞を奏す［その音は祝《はふり》に似たり。また哥声に渉る］」とあり（『江家次第《ごうけしだい》』〔大江匡房《まさふさ》撰、平安後期成立〕巻一五にも同一の記事あり）、語り部の発する

「音」は祝詞《のりと》のようで、また歌声に渉るような部分もあると説明されている。どうやらフルコトは、祝詞のような語り口と歌をうたうような韻律的な部分とが混じり合った、特殊な表現の形式や発語の方法をもっていたらしい。また、『北山抄』には「松明《たいまつ》を賜ひて、これを読む」ともあって、古詞は、明かりをともし、紙に書かれた文字を見ながら唱えていたらしい。

この事実が何をあらわすか。すでに語り部が零落していて暗記できないからか、固定的な詞章の場合には一字一句間違えずに声に出して「よむ」ことが大事だったのか。夜の闇のなかで、松明の明かりのもとで、神秘的な音声を響かせて古詞は奏されていた。

王権の語り部

大嘗祭に奉仕する語り部は、天皇家に隷属する語り部ではなく、それぞれの国に所属する語り部である。彼らは在地豪族層に隷属する存在であり、もとはそれぞれの土地の王(首長)の歴史(神話)を語り継ぐ役割を担っていたらしい。そうした彼らが具体的にどのような立場にいたかを明らかにする資料はないが、出雲国風土記(意宇《おう》郡安来《やすぎ》郷)のワニ退治説話に登場する語臣《かたりのおみ》猪麻呂《いまろ》という人物から、その一端を窺うことはできる(伝承の内容は第四章参照)。

先に紹介した大嘗祭の語り部の記事をみると、出雲から四人の語り部を出すと規定されており(『延喜式』『儀式』『北山抄』など)、語臣一族は大嘗祭に奉仕する出雲の語り部であったかもしれない。そして、そうした存在は、ほとんど間違いなく王権の語り部として出雲国造《くにのみやつこ》であった出雲臣一族に隷属する存在であった。ヤマトに服属する以前、出雲にはその歴史(神話)を語り継ぐ語り部を擁するほどの王権が存在したということを示している。

王権の成立は、共同体のなかに王となるべき特別の存在を誕生させる。そして、その存在が王権のなかで王としての専権的な地位を確保するためには、それを可能にするさまざまな装置が要請されなくてはならない。その一つが語り部という存在である。語り部は王権の成立とともに必要になった。

川田順造の調査報告によって有名になった西アフリカのモシ族には、ベンダ(ベンドレ)と呼ばれる語り部がいる。世襲的にその職能を受け継ぎ、王に隷属する彼らは、王の祭や即位式などの際に、大きな太鼓を叩きながら王の歴史伝承を朗誦する。歴代の王の系譜や現王への讃辞あるいは祈年の祝詞などが、普通は太鼓の音だけで、ある場合には太鼓の音に一節遅れて、別のベンダが一般の人々にわかることばに翻訳しながら語ってゆくという。

王に隷属し、王権の歴史伝承を専有する語り部ベンダと王との関係は、古代日本列島における王と語り部との関係と大差ないようにみえる。もちろん、天皇にも語り部は存在した。しかし、語り部が天皇に固有の存在ではないということは明らかである。天皇も王権の首長だから語り部が必要なのだし、同様に、出雲にも他の国々にも王権の歴史や王の系譜を語り継ぐ語り部が必要だったのである。王が王であるための、王権が王権として存在するための一つの装置が語り部だということである。

こうした王権の維持装置としての語り部は、神語りあるいはフルコトと呼ばれる固定的な詞章を暗記し、それを祭祀の場で音声によって語り伝えるというだけではなく、そうした聖なる言語表現を「呪力あるもの」にする力をもたなければならない。それがおそらく、語り部が巫《ふ》覡《げき》(シャーマン)としての側面をもつ理由である。そして、語り部によって唱えられることで、詞章は呪力をおびるのである。

ことばが呪力をもつためには、ことば自体の装い、神語りになるためのさまざまな様式や表現形態を整える必要がある。それに加えて、音声をともなって語り伝えるためには語る者の特殊な力が要求される。それはたとえば、奄美の宗教者ユタが、シャーマンであり、呪詞の管理者であり、昔話など民間伝承にも関与する存在であるという山下欣一の指摘をみればわかる。

語り部や古老のように、王権に隷属したり、土地に定着したりして伝承を語る者たちに対して、共同体から浮遊し巡り歩く者たちがいる。それが「乞食者（ホカヒビト）」と呼ばれる存在である。この、巡り歩くホカヒビトを古代の伝承者としてどのように位置づけられるかといえば、彼らは、共同体から離れた、あるいは離された存在であり、それゆえに語り手が根源的にもつ外部性をより鮮明にせざるをえなくなった、そのような存在である。

また一方で、国家は地方から優れた語り手や歌い手を集め、宮廷の儀礼などにかかわる芸能者集団を組織しようとする。日本書紀に次のような記事がある。

大倭《やまと》・河内・摂津・山背《やましろ》・播磨・淡路・丹波《たには》・但馬・近江・若狭・伊勢・美濃・尾張等の国に勅して曰はく、「所部《くにうち》の百姓《おほみたから》の能《よ》く歌ふ男女と侏儒《しゆじゆ》・伎人《わざびと》を選びて貢上《たてまつ》れ」と。

（天武四年二月九日）

諸の歌男《うたを》・歌女《うため》・笛吹く者は、すなはち己《おの》が子孫《うみのこ》に伝へて、歌笛を習はしめよ。

（同一四年九月一五日）

こうした人びとが宮廷に召し抱えられてゆくということと、ホカヒビトが国家あるいは基層の共同体から離れた存在として巡り歩くことは、構造的にいえば同じである。侏儒や伎人も、歌をうたったり笛を吹いたりする人も、滑稽なワザを演じる者も、神の立場に立ちうる存在として、その力能はホカヒビトとかわらない。そこにあるのは、国家の内部に抱え込まれる者と外部をさすらう者との違いがあるだけだ。

このことは、先の川田順造が紹介するアフリカの事例によっても確認することができる。西アフリカにおける声の芸人、マロカとかグリオとか呼ばれる者たちも、「王や貴人に抱えられて称号や地位を与えられている」語り部的な存在と、宮廷の外側を「『クンデ』という四弦の撥弦リュートやヒョウタンのガラガラを鳴らしながら、過去現在の王の名や村の名をよみこんだうたいものをうたって歩く、落魄した流しのほがいびと」との二重のかたちになっているという。それを川田は「埒内」と「埒外」ということばで説明しているが、そのあり方は、ヤマト古代における伝承者のあり方とほとんど重ねられそうである。

王権や国家の内部に位置づけられてゆくことになった「語り部」と、国家の外側を巡り歩く「ほかひびと」という存在とを同じ幹から発生してきたものとして統一的に捉える視点をもつことによって、古代の伝承者像は、音声表現の担い手として具体的に把握することができるのではないか。そして、もっとも原初的な存在として、共同体には「古老」たちがいた。

諸国風土記に遺された古老相伝旧聞異事をはじめとしたさまざまな伝承群の背後には、ここに紹介したような語り手たちの姿が見え隠れしている。そして、それら語り手たちによって持ち伝えられた伝承の一端が拾われ文字に写されて、今、われわれの前に置かれている。

そこに秘められた情報を、誤りなくどこまで読めるか。風土記を読むことは、日本列島の古代に存した、いくつもの歴史や文化を知ることだということを自覚しなければならない。

第三章　常陸国風土記

――もう一つの歴史と伝承の宝庫

1　倭武天皇はなぜ存在するか

「日本書」地理志を編むための基礎資料の収集を目的として諸国に命じられた風土記（官符に対する「解《げ》」）であったが、「志」そのものが編まれることはなく、「列伝」も含めて「日本書」の構想はいつのまにやら消滅した。そして、天皇の事績を叙述する「紀」の編纂だけが後世に継続されて六国史《りっこくし》と呼ばれる正史が編まれることになった。

その結果、諸国から提出された「解」は解体されないままに、あるいは国許に置かれた副本がそのままに遺された。幸いなことに、そのうちの五か国の風土記と逸文が遺され、わたしたちはさまざまな情報を手に入れることができるのである。

そのなかの一本、常陸国風土記には、地方における歴史認識を知る上で興味深い伝承が遺された。それが、「倭武天皇《やまとたけるのすめらみこと》」という、正史「日本書」紀（日本書紀）はもちろん、古事記にも出てこない天皇に関する伝承である。

言うまでもないが、この人物は、古事記では倭建命《やまとたけるのみこと》、日本書紀では日本武尊《やまとたけるのみこと》と表記されるヒーローである。ただし、古事記と日本書紀の描き方には大きな違いがあるが、どちらも夭折する御子（皇子）として語られる点は共通する。

倭武天皇の伝承

常陸国風土記にみられる倭武天皇の伝承は全体で十数例を数えるが、常陸国南部に位置する信太《しだ》・茨城《うばらき》・行方《なめかた》・香島《かしま》の各郡と、北部の久慈《くじ》・多珂《たか》の二郡に集中的に伝えられている。中西部の那賀《なか》・新治《にいばり》・筑波《つくは》の三郡には出てこないが省略の可能性もあり（白壁・河内の二郡は記事がない）、ほぼ全域に分布するとみてよかろう。

遺された倭武天皇の伝承はいずれもたわいもない話で、地名の謂われ（地名起源譚）を数多く載せる風土記ではありふれた内容である。そのありふれた地名起源譚のなかで、後の歴史書には存在しない「倭武」という天皇の事績が伝えられていることに、ここでは注目したい。

まずは、そのいくつかを紹介しながら、内容を確認することからはじめよう。

倭武天皇、東《あづま》の夷《えみし》の国を巡り狩《みそな》はして、新治《にひばり》の県《あがた》を幸過《すぎいで》ましし、国の造《みやつこ》　毗《ひ》那良《なら》珠命《すのみこと》を遣はして、新たに井《ゐ》を掘らしむるに、流るる泉、浄《きよ》く澄み、いと好愛《めづら》しかりき。時に、乗輿《みこし》を停めて、水を翫《め》で、手を洗ひたまひしに、御衣《みけし》の袖、泉に垂れて沾《ひ》ぢぬ。すなはち袖を漬《ひた》す義《こころ》によりて、この国の名とす。（総記）

また、倭武天皇の后《きさき》、大橘比売命《おほたちばなひめ》、倭《やまと》より降り来て、この地《ところ》に参り遇《あ》ひたまひき。かれ、安布賀《あふか》の邑《むら》と謂ふ。（行方郡相鹿《あふか》里）

常陸国風土記にみられる倭武天皇の伝承には、古事記や日本書紀と関連する話は一つもない。本風土記の撰録時には日本書紀は成立しておらず、古事記は、律令国家にとって公式の歴史書としてあったわけではないから、両書と共通しないのは当然である。

そのなかで、あえていえば、相鹿里の伝承にみられる大橘比売という后の名が、古事記や日本書紀のヤマトタケルを連想させる程度である。同様に、皇后（妃）とともに巡幸するという記事は、久慈郡助川の駅家《うまや》（皇后とある）や多珂郡飽田《あきた》村（橘皇后とある）にもあり、タチバナという名の后とともに旅をするというのが倭武天皇の定番といえそうだ。その点で古事記や日本書紀に重なる部分をもつが、常陸国風土記の伝承には、走水《はしりみず》（浦賀水道）における遭難と妃オトタチバナヒメの死という古事記や日本書紀の伝承が伝える死の影はまったく見いだせず、穏やかな旅が語られているという印象しかない。

おそらく、常陸国風土記のタチバナという女性にかかわる伝承は、ヤマトあるいはその周辺で伝えられていた悲劇の英雄ヤマトタケルの伝承とは別個に語り継がれていたものと見なしたほうがよさそうだ。ただし、それらのヤマトタケル伝承と常陸国風土記の倭武伝承とを包み込んだ先に、原「ヤマトタケル」とでもいえる人物の伝承が存在したということは考えられる。

ヤマトタケルを名乗る主人公には、タチバナを名にもつ女性がはじめからつきそっていた。それが古事記や日本書紀のような、走水において海峡の神の犠牲となって入水するという伝承を可能にし、一方で、常陸国風土記のように旅先でめぐり会う英雄とその妻の伝承を語らせることになる。そして、そのタチバナという名が、常陸国風土記冒頭の、「古《いにしへ》の人、常世《とこよ》の国と云へるは、けだし疑ふらくは、この地《くに》ならむか」という記述を引き出してきたのかもしれない。タチバナという植物は、古事記のタヂマモリ伝承（中巻、イクメイリビコ〔垂仁《すいにん》〕天皇条）が伝えているように、常世の国に育つ木である。おそらく、タチバナを名にもつ女性には聖なるおとめのイメージがこめられているのだろう。

その他の伝承の倭武天皇

后との巡幸伝承をふくめて、常陸国風土記の倭武天皇伝承にはいくつかの類型がみられる。

その一つが先の国名起源譚にもみられた井戸掘りの話である。

行方《なめかた》の郡《こほり》と称《い》ふ所以《ゆゑ》は、倭武天皇、天の下を巡り狩はして、海の北を征平《ことむ》けたまふ。ここに、この国を経過《す》ぎ、すなはち、槻野《つきの》の清泉《しみづ》に頓幸《いでま》し、水に臨みてみ手を洗ひたまひしに、玉もて井《ゐ》を為《つく》りき。今も行方の里の中《うち》に存《あ》りて、玉の清井《しみづ》と謂ふ。（行方郡玉の清井）

後世の弘法大師伝説に通じる内容をもつが、共同体にとって豊かな水の湧く土地への願望がよく示されている。しかしこうした場合、倭武天皇という固有の存在が必須の条件としてあるわけではなく、よそからやって来た偉人によって掘られた井戸だという伝えこそが必要だった。その偉人が、常陸国風土記では倭武天皇になるのである。

もちろん倭武天皇は弘法大師ではない。穏やかな姿の裏側には、征服者としての一面を隠している。次のような伝承もある。

古老《ふるおきな》の曰へらく、倭武天皇、巡り行《おは》しまして、この郷《さと》を過ぎしに、佐伯《さへき》、名を鳥日子《とりひこ》と曰ふものありき。その命《みこと》に逆《さか》ひしによりて、すなはち略殺《ころ》したまひき。（行方郡当麻《たぎま》郷）

佐伯（土蜘蛛《つちぐも》と同じく、服属しない土着の豪族を呼ぶ呼称）の討伐譚が古老の伝えとして語られる。ここからは、倭武天皇という存在が、服属を迫るヤマトの支配者であることがはっきりする。外部から訪れる者は、玉の清井の伝承にみられるような土地の苦難を救済する偉人であるとともに、土地を略奪する権力者でもあるということだ。そしてそれは、常陸国風土記にかぎったことではないし、倭武天皇の専売というわけでもない。ごく普遍的なかたちの来訪する支配者の一面を示していることになる。

天皇が地方を巡行する伝承には、服属という性格がつきまとう。そしてそれは、殺戮という手段によって描かれる場合もあるが、風土記ではふつう、地名の名付けとして語られることが多い。いうまでもなく、それが占有と服属の証しになるのである。

古老の曰へらく、倭武天皇、海辺《うみべた》を巡り幸《いで》まして、行きて乗浜《のりはま》に至りたまひき。時に、浜《は》浦《ま》の上《ほとり》に、多《さは》に海苔《のり》を乾《ほ》す。これによりて能理波麻《のりはま》の村と名づく。（信太《しだ》郡能理波麻の村）

古老の曰へらく、郡より南、近くに小《ち》さき丘あり。体《かたち》、鯨鯢《くぢら》に似たり。倭武天皇、よりて久慈《くじ》と名づけたまひき。（久慈郡、郡名由来）

いずれも倭武天皇が巡行の途中で見た風景や行為をもとに名付けられている。とりたてて特筆すべき伝承ではないし、倭武天皇でなければならない理由もない。そして、どの天皇が選ばれてもかまわない場合に、常陸国風土記では倭武天皇が引き出されてくる。

選択される天皇

諸国の伝承において、それぞれの土地とヤマトの天皇とはどのように結びつくのか。そのことを理解するために、異なる国の二つの伝承を並べてみる。

a　無梶河《かぢなしがは》より部陲《くにのさかひ》に達《いた》りたまへば、鴨の飛び度《わた》るあり。（倭武）天皇、躬《みづか》ら射たまへば、鴨、迅《と》く弦《ゆづる》に応《あた》りて堕《お》ちき。その地を鴨野《かもの》と謂《い》ふ。（常陸国風土記、行方郡鴨野）

b　品太《ほむだ》天皇、巡り行きし時、この鴨、飛び発《た》ちて、修布《すふ》の井の樹に居《を》りき。この時、天皇、問ひて云はく、「何の鳥ぞ」と。侍従《おもとびと》、当麻《たぎま》の品遅部君前玉《ほむぢべのきみさきたま》、答へて曰はく、「川に住める鴨なり」と。勅《の》りて射《い》しめし時、一つの矢を発《はな》ちて二つの鳥に中《あ》てき。すなはち、矢を負ひて、山の岑《みね》より飛び越えし処《ところ》は鴨坂《かもさか》と号《なづ》け、落ち斃《たふ》れし処はすなはち鴨谷《かもだに》と号け、

羹《あつもの》を煮《に》し処は煮《に》坂《さか》と号く。　（播磨国風土記、賀毛郡上鴨里・下鴨里）

複数の地名を連ねながら語ることによって、bの播磨国風土記の伝承は、aにくらべて複雑なかたちになっている。それによって、品太天皇（ホムダワケ、応神《おうじん》天皇）の滑稽さを笑い飛ばす話に仕上がっているが、内容的には両者は同質の伝承である。それを、常陸国風土記では倭武天皇を主人公として語り、播磨国風土記では品太天皇を主人公として語る。

それぞれの国あるいは土地の伝承が、何人もの候補者のなかからどの天皇を主人公として選ぶか、その選択は、おそらくそれぞれの風土記の性格によって決定される。正しくは、それぞれの土地における中央との歴史的・政治的な関係性に起因するというべきか。そして、播磨国にとっては品太天皇がもっとも緊密な存在であり、常陸国にとっては倭武天皇がもっともなじみやすい存在だったということになる。それが九州の風土記であれば、大足彦《おおたらしひこ》天皇（景行《けいこう》天皇）によって語られることが多いというふうに。

そこで問題になるのは、常陸国風土記が、養老四年（七二〇）に撰録された正史「日本書」紀はもちろん、現存文献のいずれにおいても天皇とは認定されていないヤマトタケルを、なぜ倭武「天皇」として語るのかということである。なぜ、常陸国風土記は存在しない倭武天皇を選んだのか。往々にして、常陸国の人びとが志半ばにして夭折した皇子ヤマトタケルに同情し、願望としてのヤマトタケル天皇を語ったのだというような説明をする。

しかし、そんなことはありえないと思う。常陸国風土記は中央官僚である国司層が撰録したと考えられ、朝廷に提出される公文書である。そこに、中央の歴史とは違う伝承を載せることができるのかどうか。一、二の事例なら気付かなかったという説明も可能だろうが、ほぼ全域に十数例が載せられているというのは、撰録した国司層においても、「倭武」なる人物は天皇として認識されていたと見なしたほうが納得しやすいのではないか。

倭武天皇の意味するもの

八世紀初頭、東海道の東の果てで、倭武という天皇がなぜ伝えられていたのか。そもそも、倭武天皇とはいかなる人物で、なぜ常陸国を巡ることになったのか。それを考えることによって、常陸国風土記の歴史認識がいかなるものであったか、あるいは七世紀以降の中央と地方との関係がいかにあったかというようなことが、わずかでも窺えるはずである。

常陸国風土記にのみ登場する倭武天皇の「倭武」という呼称を漢風諡号《しごう》（八世紀後半に一括して名付けられた、仁徳とか天武とかの漢字二字の呼称）と見なすことはできないから、倭武は、倭語《わご》

日本書紀で

「やまとたける」の宛て漢字と見なす以外にない。とすれば、古事記で倭建命《やまとたけるのみこと》、日本武尊《やまとたけるのみこと》と表記されるヤマトタケルと同一人物だということになる。

まるで古事記の漢字表記「倭」と日本書紀の漢字表記「武」とを組み合わせたような表記になっているが、あるいは、「倭建」とはべつの系統として「倭武」という表記が存在し、その「倭」が「日本」に変えられることで、日本書紀の表記「日本武」が登場することになったという流れも想定できるかもしれない。というのは、常陸国風土記の撰録段階には、日本書紀は未成立であり、古事記はすでに存在してはいたが国家の歴史書ではなかった。そうした状況を踏まえれば、常陸国風土記にみられる人名表記の独自性も十分に認められるのである。

また、その表記が「日本」ではなく「倭」であるところに、常陸国風土記の古層性が認められる。なぜなら、律令国家が確立するなかで発見される「日本」がまだ存在していないということを示しているからである。日本書紀の撰録(七二〇年)とはほんの数年しか隔たってはいないが、意識としては、ずいぶん大きなずれがありそうだと気付かされる。

性格の違う書物であり、内容にも大きな差異はあるが、古事記でも日本書紀でも東征の帰途に病を得て死んでしまったために即位することのないヤマトタケルが、なぜ常陸国風土記では「天皇」という称号を与えられているのか。

天皇という称号

天皇という称号が用いられていることに異論があるわけではない。常陸国風土記には他にも、美麻貴《みまき》天皇（崇神《すじん》天皇のこと）や大足日子《おおたらしひこ》天皇（景行天皇のこと）が登場し、他の現存風土記にも、「天皇」という称号は頻繁に顔を出す。一般的に、「天皇」号の使用は七世紀後半の天武朝、あるいは七世紀初頭の推古朝に始まると見なされており、八世紀初頭に成立した常陸国風土記に出てくるのは当然である。

ちなみに、「天皇」という表記を用いた確実な資料は、飛鳥池《あすかいけ》工房遺跡（奈良県明日香《あすか》村）で「富本」銭などともに発見された木簡である。同じ遺構から出土する木簡には天武朝の年号が書かれているものが多いことや天武朝の性格などから、天皇号の成立は「日本」国という呼称とペアで論じられることが多い。しかし、一方の「日本」号の確実な資料は七世紀には出てこない。そこから考えると、国号「日本」と「天皇」号とを同時期に使いだしたとは考えないほうがいいのではないか。どちらも七世紀に登場するというのは認められようが、国号「日本」は七世紀の終わりに近い時代に、「天皇」号は推古朝を含めた七世紀前半までさかのぼらせたほうがいいように思う。というのは、常陸国風土記もそして古事記も、「天皇」という語は頻繁に用いているが「日本」号はまったく使っていないわけで、文献上のあらわれ方が、天皇と日本とでは違うからである。

「倭武天皇」という呼称だが、他の例外を挙げると、阿波《あわ》国風土記（逸文）の「勝間井《かつまゐ》の冷水《しみづ》」（『万葉集註釈』巻七所収）に、「倭健天皇命《やまとたけるのすめらみこと》」とする記事がある。この記事が和銅六年（七一三）の官命に応じて撰録された風土記に存したとすれば、ヤマトタケルを天皇とする伝えは、常陸国以外にも広がっていたと断定できるのだが、確認する手立てはない。しかし、古事記の「倭建」、常陸国風土記の「倭武」、阿波国風土記逸文の「倭健」という近似した文字を用いた呼称が存し、そのうちの二例が天皇であるというのは興味深いことである。

倭武（倭健）天皇以外でいうと、常陸国風土記に「息長帯比売天皇《おきながたらしひめのすめらみこと》の朝《みかど》」（茨城郡）という表記が一例だけ存在する。ここでも、常陸国風土記の「天皇」号は後の正史とは違っている。

常陸国風土記の撰録と日本書紀の不在

前章で述べたように、常陸国風土記は、官命が出た和銅六年五月から数年のうちに撰録が完了していたと見なすのが妥当である。ということは、常陸国風土記の撰録時には、日本書紀（『日本書』紀）はまだ存在しなかった。また、古事記についていえば、この書物が存在したのは間違いないが(「序」を除いて)、律令国家のなかで公的な書物としてあったわけではない。何度もくり返すのは、この点を前提として考えてほしいからだ。

このことは常陸国風土記を考える上で大事なことだが、風土記撰録の官命が出た時点で、諸国に赴任している官人たちの前には、正史と呼べる史書は存在していなかったのである。古事記のような書物(天皇家も含めて家々のもち伝える歴史の類)は存在したとして、それは地理志のお手本にはならなかっただろう。それが、養老四年(七二〇)の日本書紀成立以降に編まれたと考えられる九州風土記や出雲国風土記とはまったく違うところである。

撰録された時期からみて、初代カムヤマトイハレビコ(神武天皇)からはじまる、現在わたしたちが古事記や日本書紀に基づいて認識している歴代天皇の継承順位や代数が、常陸国風土記の撰録者たちのあいだで同じように認識され受け入れられていたかどうかを考えると、それはきわめて疑わしい。彼らは中央から派遣された官人であったが、天皇が今と同じように繋がっていると認識していたとは考えないほうがいい。

そもそも、律令国家において、天皇の継承順位が確定したのはいつの頃だったのか。古事記の最後に載せられた女帝トヨミケカシキヤヒメ(推古天皇)までの三十三代についてみると、その天皇たちの継承は、正史「日本書」紀も在野の史書・古事記も異同はみられない(記されている内容は除く）。とすると、少なくとも、古事記本文が書かれたと考えられる七世紀後半頃までには、現在と同じ継承順位が定着していたと見なすことはできる。

しかし、それぞれの天皇の継承順位を律令国家が公式に確定したのは、養老四年の日本書紀（「日本書」紀）奏上を待たねばならないのである。古事記に載せられている皇位継承の系譜は、結果的には日本書紀の伝える継承と同じだとしても、そこに至るには大きな紆余曲折があったらしく、その痕跡は古事記のなかに見え隠れする。

天皇位の継承

次頁の系譜「天皇位の継承」を見てほしいが、第一二代にあたるオホタラシヒコ（景行天皇）の後を継いで天皇になったのは、日本書紀も古事記も息子のワカタラシヒコ（成務《せいむ》天皇）であった。タラシという呼称を共有し、オホ‐ワカという対の尊称をもつ点も、親子間継承としてわかりやすい。ところが、ワカタラシヒコの次に天皇として即位したのは、タラシナカツヒコ（仲哀《ちゅうあい》天皇）であった。この天皇もタラシという呼称を共有するが、かれの父親は、ワカタラシヒコではなく、あのヤマトタケルである。

この第一四代の天皇になってはじめて、それ以前の親子による直系継承ではない天皇位の継

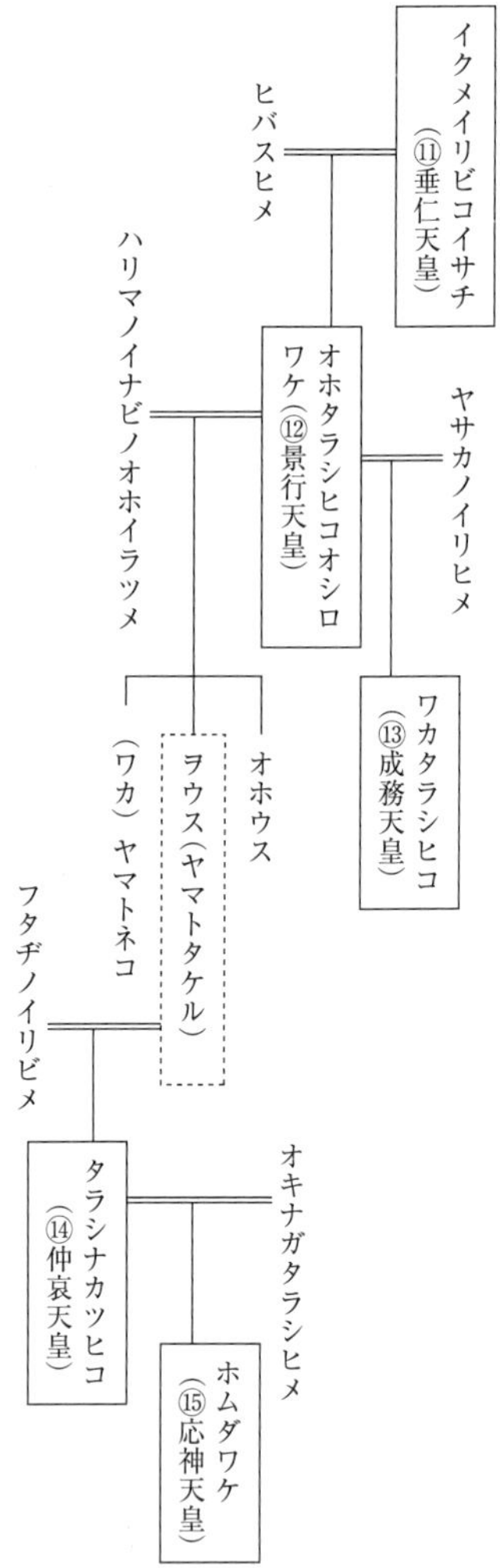

天皇位の継承（古事記・日本書紀共通）

承がなされたということになる。もちろん、初代カムヤマトイハレビコから第九代のワカヤマトネコヒコオホビビ（開化《かいか》天皇）までは、その実在性はほぼ否定されており、実際の継承を云々することはできない。そして、古い系譜ほど単純な直系になりやすいというのは、どの王権においても共通することだと考えられるので、古代日本の天皇が直系的な系譜を神話的にもつのは当然だといえる。

　しかし、第一〇代ミマキイリヒコ（崇神《すじん》）からイクメイリビコ（垂仁《すいにん》）、オホタラシヒコに至る天皇(まだ天皇という称号は存在しないが便宜的に用いる)についていえば、伝えられている事績は別にしてもその実在性は大方が承認している。そこに事績をほとんどもたないワカタラシヒコが介入するくらいなら、タラシナカツヒコの父という系譜をもつヤマトタケルが、その父オホタラシヒコを継いで天皇位に即いたほうがわかりやすいし、説得力もあったのではないか。

古事記でいえば中巻末尾に置かれたホムダワケ(応神天皇)以前の天皇のなかで、直系の父子継承をとらないのは、ここにみられるワカタラシヒコ―タラシナカツヒコの部分だけである。そこから考えれば、遠征の途次の病没という出来事がなければ、オホタラシヒコ―ヤマトタケル―タラシナカツヒコ、と繋がるのが自然だったと考えられるのである。そしてその痕跡は、古事記のヤマトタケル系譜に窺える。

古事記のヤマトタケル系譜

日本書紀にはみられないが、古事記では、ヤマトタケルの物語を語ったあとに、ヤマトタケルの妃や子女たちの系譜が詳細に記述されている。その部分を、訓注や人数を示す割注を省略して引用すると次のとおり。

ここに倭建命、伊玖米《いくめ》天皇の女《むすめ》、布多遅能伊理毘売《ふたぢのいりびめ》命を娶り、生みし御子は帯中津日子《たらしなかつひこ》命。また、その海に入りし弟橘比売《おとたちばなひめ》命を娶り、生みし御子は若建《わかたける》王。また、近淡海《ちかつあふみ》の安国造《やすのくにのみやつこ》の祖《おや》、意富多牟和気《おほたむわけ》の女《むすめ》、布多遅比売《ふたぢひめ》を娶りて、生みし御子は稲依別《いなよりわけ》王。また吉備臣建日子《きびのおみたけひこ》の妹《いも》、大吉備建比売《おほきびたけひめ》を娶りて、生みし御子は建貝児《たけかひこ》王。また、山代《やましろ》の玖玖麻《くくま》毛理比売《もりひめ》を娶りて、生みし御子は足鏡別《あしかがみわけ》王。また、ある妻《みめ》の子は息長田別《おきながたわけ》王。おほよそ、この倭建命の御子等は、并せて六柱。

かれ、帯中津日子命は、天の下を治めき。次に稲依別王は、犬上君・建部君等の祖《おや》。次に建貝児王は、讃岐の綾君《あやのきみ》・伊勢の別《わけ》・登袁《とを》の別・麻佐首《まさのおびと》・宮首《みやのおびと》の別等の祖。足鏡別王は、鎌倉の別・小津・石代《いはしろ》の別・漁田《いざりた》の別の祖ぞ。次に息長田別王の子は、杙俣長日子《くひまたながひこ》王。この王の子は、飯野真黒比売《いひののまぐろひめ》命。次に息長真若中比売《おきながのまわかなかつひめ》。次に弟比売。かれ、上《かみ》に云へる若建王は、飯野真黒比売を娶り、生みし子は、須売伊呂大中日子《すめいろおほなかつひこ》王。この王、淡海の柴野入杵《しばののいりき》の女、柴野比売を娶りて、生みし子は、迦具漏比売《かぐろひめ》命。かれ、大帯日子《おほたらしひこ》天皇、この迦具漏比売命を娶りて、生みし子は大江王。この王、庶妹《ままいも》銀《しろがね》王を娶りて、生みし子は、大名方《おほなかた》王・次に大中比売《おほなかつひめ》命。かれ、この大中比売命は、香坂《かごさか》王・忍熊《おしくま》王の御祖ぞ。　（中巻）

こうした長大な婚姻系譜が伝えられているのは天皇以外ではきわめて例外的なことで、他にはワカヤマトネコヒコオホビビ(第九代開化天皇)の子ヒコイマス(日子坐王)の系譜があるだけである。そして、ヒコイマスの系譜は、父である天皇の系譜に組み込まれるかたちで記載されているのに対して、ヤマトタケルの系譜は、オホタラシヒコの系譜とは別に、単独で記載されている。しかも、末尾あたりに名の見える大江王は、ヤマトタケルの曽孫カグロヒメ(迦具漏比売命)と、ヤマトタケルの父オホタラシヒコ(景行天皇)とのあいだに生まれるという、尋常ならざる捩《ねじ》れを生じさせてもいる。

ここから考えると、ヤマトタケルとオホタラシヒコとが親子であったという伝え自体が問題となり、古事記の系譜の表記態度からみると、古事記が原資料として引用したと思われる伝えにおいては(あるいはその前の段階においては)、ヤマトタケルはひとりの天皇(大王)として存在した可能性が大きいのである。そして、そのことはすでに指摘されている。

吉井巌はその著書『ヤマトタケル』において、「風土記の記事は全く勝手気ままに書かれたものではな」く、「たしかにヤマトタケルは一代の天皇として、天皇系譜に位置づけられていた時があった」と見なし、その時期と背景について、「東西平定の王者としてのヤマトタケル天皇は、いつか熱心に討議されたように、英雄時代の英雄として造形されたものではなく、強大な武力を背景とした王権が誕生して、専制的な国家体制を作っていく、五世紀中葉以後の歴史を反映して、勇武な征服王者像として形成されたものである」と述べる。

ヤマトタケルと常陸国

ひとりの天皇として、倭武は常陸国を経巡り、土地の名付けをし、いくつもの事績を遺した。それだけのことであれば、古事記や日本書紀の伝承とは直接関係のない、都からやってきた勇者として倭武天皇をとらえることができる。播磨国風土記の品太《ほむだ》天皇（応神）と同様の、巡り歩く王者の物語が、地方にとっては服属的な性格を帯びつつ土地の伝承として語られていたと考えられるからである。

また、豊後国風土記や肥前国風土記のように、日本書紀の成立以降に、中央で編纂された歴史書の影響を受けながら常陸国風土記が編まれたというのであれば、日本書紀と重ねながら、「纏向《まきむく》の日代《ひしろ》の宮に御宇《あめのしたしろしめ》しし天皇」あるいは「大足彦《おほたらしひこ》天皇」（ともに景行天皇のこと）の事績を語ればよいわけだし、どうしても皇太子の伝承を語りたければ、天皇とはせずに「日本武尊」という名の皇子を登場させればよかったのである。

あらためて確認しておくと、古事記の倭建命の伝承では、例の走水《はしりみず》の海でのオトタチバナヒメ（弟橘比売命）の入水を語ったあと、「七日の後、その后の御櫛《みくし》海辺《うみへ》に依《よ》りき。すなはちその櫛を取りて、御陵《みはか》を作りて治《をさ》め置きき」と語られている。これは、常陸国ではなく上総《かずさ》国での出来事であり、それに続く部分には、

　それより入り幸《い》でまして、ことごとに荒ぶる蝦夷《えみし》等《ども》を言向《ことむ》け、また山河の荒ぶる神等《かみたち》を平《たひら》げ和《やは》して、還《かへ》り上《のぼ》り幸でます時、足柄《あしがら》の坂本に到りて、御粮《みかれひ》食《を》す処《ところ》に、……　（中巻）

とあるばかりで、常陸国はまったく出てこない。

　ただし、足柄坂から甲斐《かい》国の酒折《さかおり》の宮に至って倭建命が歌ったという「新治《にひばり》　筑波《つくは》を過ぎて幾夜《いくよ》か寝つる」という片歌《かたうた》のなかに常陸国の地名が二つ出てくるから、蝦夷討伐の帰途に常陸国を通過したということはわかる。ところが、常陸国風土記の倭武天皇の事績は、新治と筑波の二郡にはまったく伝えられていない（原本にはあったが省略されたのかもしれないが）。

　一方、日本書紀の場合は、オトタチバナヒメ（弟橘媛）の入水のあと、走水の海を房総半島に渡った日本武尊は、上総国から常陸国の沿岸に沿って、船で北上するというルートをたどって蝦夷の地に入ったと伝えている。しかしそこにも常陸国での事績は何も語られず、蝦夷の地を

平らげて帰る時に、「常陸を歴《へ》て、甲斐国に至りて酒折《さかをり》の宮に居《ま》します」（景行四〇年是歳条）と記されるだけである。

古事記や日本書紀のヤマトタケルの伝えでは、常陸国は通過点としてしか存在せず、ほとんど無視されている。それなのに、常陸国風土記では、一方的なかたちで倭武天皇への熱い思いを寄せるのである。これはどう考えても、現存する中央の歴史とは別の歴史認識が存在したと考えるほかはない。

征服する天皇

倭武天皇も、品太天皇も、大足彦天皇も、都という外部から自分たちの世界を征服に来た遠征者であり、侵略者であった。それとともに、ある場合には来訪する神や偉人とも重ねられる存在であった。その来訪者に託して、地名の謂われや事物の起源が語られる。そのレベルでは天皇であろうと神であろうとかまわないのだが、なぜ常陸国風土記では倭武天皇を選択することになったのかということは確認しておきたい。

先に述べたように、常陸国風土記の撰録時には日本書紀は存在していなかった。また、撰録者たちにとって古事記が自明の書物であったと見なすこともむずかしい。そのなかで、中央の歴史では天皇にならずに夭折した皇子（御子）が、常陸国風土記では「天皇」と語られる。

律令国家へと拡大するヤマトの王権には、わたしたちが認識している歴代天皇の継承が固定化する以前の伝えがあり、そこではヤマトタケルが天皇になったという系譜をもっていた。そしてその人物は、品太天皇が播磨国を征服し巡行したと語られるように、九州の風土記において大足彦が遠征する天皇として伝えられたように、常陸国を含めた東国や蝦夷の地を征服する天皇として語られていた。そのように理解しないことには、倭武天皇の伝承が、これだけ多量に常陸国風土記に遺されている理由を説明できないのではないか。

そしてその段階においては、ヤマトタケルの、遠征途上での悲劇的な死は伝えられていなかったはずである。東への遠征が通過儀礼として機能することによって、ヤマトの勇者タケルは皇位に即くことができた。あるいは、倭武天皇が東の国々を巡行し平定したという伝承が語られていた。ところが、その英雄に悲劇的な翳《かげ》がきざし、遠征の帰途、伊勢の能煩野《のぼの》での死が語られはじめる。

その段階になって、中央の歴史からヤマトタケルの皇位継承が消えてゆく。ところが、常陸国においては、悲劇的な死が語り出される以前の、天皇として巡行するヤマトタケルが生き続けており、常陸国風土記にはそれが採用された。中央から赴任していた国司層が、そうした

「倭武天皇」を採用できたのは、中央の歴史において、まだ夭折する悲劇の御子像が定着するところまでは固まっていなかったからだとしか考えられない。

天皇としてのオキナガタラシヒメ

こうした考え方を補強するのが、もう一つの例外として名前を引いた「息長帯比売天皇」(常陸国風土記茨城郡条)である。オキナガタラシヒメは、ヤマトタケルの子タラシナカツヒコ(仲哀天皇)の后であり、神懸かりするシャーマン、朝鮮半島に遠征した女帝としてもよく知られている。日本書紀では三〇巻のうちの一巻を占めて叙述されながら即位したとは記されていないのに、常陸国風土記では「天皇」と記されている。

倭武天皇と同様にオキナガタラシヒメも、日本書紀が成立する以前には即位したという伝えをもっていたのである。それも、倭武天皇よりもずっと時代が下るまで、オキナガタラシヒメは天皇であったに違いない。それゆえに、日本書紀には一巻が宛てられているのである。この点は、壬申の乱で滅んだ大友皇子も同じで、かれもまた日本書紀のなかで一巻を与えられる皇位継承者の一人であった。現在の日本書紀では天武天皇巻の「上」とされる巻第二八(いわゆる壬申紀)は、本来、天智を継いだ大友皇子に宛てられていたはずだ。なお、大友皇子については、明治三年(一八七〇)になって明治政府が弘文《こうぶん》天皇として追尊している。

オキナガタラシヒメについていえば、律令が浸透し、男系を絶対化しようとする傾向が強まり、その結果、「天皇」から消去されたということも考えられる。しかし、トヨミケカシキヤヒメ(推古天皇)以降、女帝は多く即位することになるので、こうした考え方はあまり説得力がない。それよりも、ホムダワケ(応神天皇)を始祖王に持ち上げるために、神と交わる力をもったオキナガタラシヒメを「天皇」という存在から外し、神の子を宿す「聖母」へと位置づけなおしたと考えたほうがいいように思われる。

伝承が作る歴史

三世紀の半ばだろうか、奈良盆地の東南部、三輪山のふもとの纏向《まきむく》と呼ばれるあたりに勢力を蓄え、やがては列島の西へ東へと支配権を拡げていった天皇氏の祖先たちが、はじめから世襲的な継承を行っていたかどうかはわからない。しかし、ある段階に血縁による世襲を基盤として王権を確立する。そのなかにヤマトタケルがおり、オホタラシヒコ—ヤマトタケル(仮称)—タラシナカツヒコと繋がる王位の継承を伝えていた。ところが、いつの頃からかヤマトタケルは悲劇の主人公として遠征のさなかに夭折するという物語の主人公として語られ出す。

そこにさまざまな伝承が付随して、古事記のようなヤマトタケル伝承ができあがっていくとどうなるか。とうぜん、ヤマトタケルは王位を継承することができず、現在伝えられるような、オホタラシヒコ―ワカタラシヒコ―タラシナカツヒコという捩れをともなった系譜へと変貌を余儀なくされる。その転換は、徐々に生じたであろう。おそらく、ヤマトの都あたりから語り出され、戦いと恋物語を主体とした英雄伝承として広がった。それを六世紀から七世紀に想定してみる。そして、七世紀の終わりには、ヤマトタケルは天皇(大王)ではなく、若き勇者として命を落とす主人公になっていたのではないか。ところが、天皇(大王)としての遠征譚も相変わらず伝えられていた。その一端が、常陸国風土記のなかにわれわれが読むことのできる伝承である。明らかに、夭折する御子と巡幸し討伐する天皇とのあいだにはタイムラグが存在する。そのあいだに何人ものヤマトタケルが語られたに違いない。

考えてみれば、古事記のヤマトタケル(倭建命)と日本書紀のヤマトタケル(日本武尊)とで、あれだけ人物造型が違うのはなぜか、そしてなぜそうなってしまうのかということを考えた時、音声による語りという問題を外して古代の伝承を理解することは不可能である。日本武尊のほうは国家が理想とする遠征将軍あるいは皇太子像としての性格を体現しているのだろうが、古事記が伝える倭建命は、国家にとっては邪魔にこそなれ求められる勇者像とはほど遠い姿をとっているといわざるをえない。そして、そうなるのは、仕組んだというよりは、語られるなかでいつのまにやらそうなってしまったに違いないのである。

常陸国風土記の倭武天皇は、都から遠征する王者の類型的な伝承群で取りまかれている。それを、常陸国に住む人びとが、ヤマトタケルの悲劇的な死に同情して、ヤマトタケルを「天皇」に仕立てたというように説明するのは、真実からは遠い。風土記の撰録が中央政府から赴任した国司層によって担われていたということを考えた時、不遇な死への同情といった説明はきわめて不自然な解釈だ。

走水で最愛の妃を犠牲として海峡の神に捧げ、みずからは生き延びた勇者を描こうとするなら、どこかにほんの少しでも翳りを帯びるはずだ。古事記のヤマトタケルをみればよくわかる。オトタチバナヒメの入水後は、死に向かうしかないのである。ところが常陸国風土記のどの伝承をみても、倭武天皇も后も楽しそうに巡行するばかりだ。倭武天皇に死の翳がないのは、悲劇化される以前の勇者がそこには語られているからだと思う。

揺れ動く歴史

古事記は七世紀後半には存在していた。そして、そこではすでに、ヤマトタケルは悲劇の英雄であった。その悲劇性が父子の対立を回避するかたちで、八世紀初めには律令国家の正史「日本書」紀に載せられることで、白鳥となって飛び翔《かけ》るヤマトタケルの死が、国家に公認された歴史になってゆく。ところが、「日本書」紀が成立する直前まで、国家の側にあったヤマトタケルは天皇だった。その一端が常陸国風土記の倭武天皇として定着した。

古事記が書物としてまとめられる直前には、王権(国家)とは離れたところでもヤマトタケルは王(天皇)であった。その痕跡が、古事記のヤマトタケル伝承の後ろに記載された倭建命の妃や子女の系譜である。それは、間違いなく王位を継ぐ者のみに許されていた。

七世紀初めから八世紀初頭へ、律令国家の歴史叙述がくり返し試みられた、およそ百年のあいだに皇位継承の順序や継承者の顔ぶれは、いくたびも変転し揺れ動いたのだ。その揺れのなかに常陸国風土記の倭武天皇はおり、古事記の倭建命がおり、日本書紀の日本武尊がいた。

常陸国風土記の倭武天皇の伝承は、天皇家の歴史が確定する以前の、「もう一つ」の歴史や系譜を垣間見せている。古事記でもなく、ましてや日本書紀でもない伝承や系譜が、じつはいくつも存在したのであり、常陸国風土記はその一つにすぎない。そうしたことを浮かび上がらせてくれるという点だけでも、常陸国風土記が今に遺された意味は計り知れないほど大きい。

2　「夜刀の神」をめぐる地方と中央

常陸国風土記にはさまざまな伝承が伝えられているが、巻頭の「中古老相伝旧聞事」という宣言に偽りはなく、他の風土記にくらべて物語的な性格が濃厚である。ただし、遺されている写本は省略本であるために、物語的な部分を選んで遺したということも考えられるのだが、その巧みな漢文表現とともに評価されることが多い。そのなかから「夜刀《やと》の神」の伝承を取りあげて紹介してみよう。

百年余りを隔てた夜刀の神

流れ海に張り出した行方《なめかた》郡（今の名称では霞が浦と北浦とに挟まれた、潮来《いたこ》市・行方《なめがた》市の辺り）に、頭に角のある蛇の伝承が伝えられている。まずはその話を現代語に訳して引用する。

古老が伝えている。石村《いわれ》の玉穂の宮で天下を支配なさった天皇の時代の人、箭括《やはず》の氏の麻《ま》多智《たち》は、郡の西にある谷間の葦原を開墾して新しく水田を作ろうとした。すると、たくさんの夜刀《やと》の神がこぞってやって来て、あれこれと開墾を妨害して田を作らせようとしなかった。そこで麻多智は、たいそう怒り、自ら甲鎧《よろい》を身につけ仗《ほこ》を手にして、夜刀の神を打ち殺し追い払ってしまった。そしてすぐに水源である山の口に行き、しるしの杖を境目の堀に立てて、夜刀の神に告げ、「ここより上《かみ》は神の地となすを聴《ゆる》す。ここより下《しも》は人の田を作るべし。今より後、吾《あれ》、神の祝《はふ》りとなりて、永代《とこしへ》に敬ひ祭らむ。冀《ねが》はくは、な祟《たた》りそ、な恨みそ」と言って、社を建てて初めて夜刀の神を祭った。そして、水田十町余りを拓き、麻多智の子孫が代々受け継いで祭りを行い、それは今に至るまで絶えずに続いている。

その後、難波の長柄《ながら》の豊前《とよさき》の大宮で天下を支配なさった天皇の時代になり、壬生連麿《みぶのむらじまろ》という人物が、その谷の水を管理するために池の堤を作らせようとした。この時にも、夜刀の神が顕れて池の辺りの椎《しい》の木に昇り集まり、離れようとしなかった。すると、麿は大声で、「この池を修めしむるは、要《むね》は民を活《い》かすにあり。何の神《あまつかみ》、誰《たれ》の祇《くにつかみ》ぞ、風化《おもむけ》に従はざる」と叫んだ。そして、使役していた民に、「目に見ゆる雑《くさぐさ》の物、魚虫《うをむし》の類は、憚《はばか》り懼《おそ》るることなく、ことごとに打ち殺せ」と命じるとすぐに、その木の上の「神《あや》しき蛇」は逃げ隠れてしまった。その池を、今、椎井《しいい》の池と呼んでいる。池の西に椎の木が生え、清水(井)が涌き出しているから、そう呼ぶのである。

この伝承は、前半が石村の玉穂の宮の天皇＝継体《けいたい》天皇の時代（六世紀初頭）、後半が難波の長柄の豊前の宮の天皇＝孝徳《こうとく》天皇の時代（六四五〜六五四年）の出来事として語られ、両者の時間は一五〇年ほど隔たっている。むろん、ここに語られていることがらを歴史的な事実と考える必要はないが、その時間差については注目しておきたい。

ヲホド（継体）と呼ばれる天皇は、古事記によれば、ホムダワケ（応神天皇）の五世の孫として唐突に見いだされ、男系の直系継承者の途絶えた河内王朝の末裔であるオケ（仁賢《にんけん》天皇）の皇女・手白髪郎女《たしらかのいらつめ》に入り婿《むこ》するというかたちで天皇の系譜に連なる奇妙な存在であり、歴史学では王朝交替説が根強く論じられている。

その真偽は別にして、古事記や日本書紀の記述を見るかぎり、継承の不自然さは否定できない。しかし一方、ヲホド以降の天皇の系譜が、中大兄《なかのおおえ》（天智）・大海人《おおあま》（天武）を経て八世紀初頭の天皇たちへと途切れなく続いており、風土記が編纂された時点を「今」とすれば、ヲホドは、「今」の王権にもっとも近いところに位置づけられた始祖天皇なのである。それゆえに、夜刀の神の伝承の前半部分は、王権の始まりの時に見いだされた出来事として位置づけられ語られているとみてよい。

一方、後半に登場する難波の長柄の豊前の宮の天皇＝孝徳天皇は、個人として特段の事績をもつわけではないが、いわゆる乙巳《いっし》の変（大化の改新、六四五年）と呼ばれるクーデターの直後に即位したことで知られる天皇である。乙巳の変は、律令制度を基盤とした「今」を支える新たな国家秩序の始まりを象徴する出来事として正史「日本書」紀には位置づけられている。まさに、新たな「文化」の始まりを告げるのが孝徳の即位であった。

土地の英雄

夜刀の神の伝承が、こうした二つの時代、今につながる王権の始祖であるヲホドの時代と文化（国家秩序）の始発の時である孝徳の時代とによって語られているのは、きわめて示唆的なことである。

歴史的な事実としての水田稲作が水源地である谷間の湿地から始まった、というような単純な議論を展開するつもりはない。ここで強調しておきたいのは、この伝承の前半部分に語られている麻多智《またち》の行動から、水田の開墾が「自然＝神」と対峙するものだったということ、そして、それが「王権＝共同体」の始まりの時に水をめぐって生じたということ、この二つが読み出せるという点である。

水を得やすい谷間の湿地を開墾して田を作ろうとした箭括《やはず》の氏の麻多智は、それを妨害する夜刀の神に武装して立ち向かい、打ち倒して新たに神と人との境界を設定する。夜刀の神のヤトは、現在も地名として残るヤツ・ヤチと同じく、谷間をさすことばであり、それが蛇の姿で語られるのは、大きさは違うがヤマタノヲロチに通じよう。そして、その異形としてのヤマタ（八俣）と同様に、この伝承の注記に「蛇の身にして頭に角」があるという異形（ただの蛇ではない）として語られることで、この蛇がその谷を領有する水神（自然神）だということが示される。

一方の麻多智は、スサノヲがそうであったように文化英雄の地位を与えられている。麻多智という人名も、箭括という氏族名も、常陸国風土記はもちろん他の文献にも出てこないので確かなことは言えないが、その武装した姿から、この地域を支配した首長（豪族）であったとみてよい。子孫が代々にわたって夜刀の神を祭祀していると語るところからも、それは窺える。

麻多智を王と呼ぶにはあまりに狭い版図しか領有していないとしても、家とか村とかの単位を超えた存在であったという意味で、王権的な性格を内包していると見なすことは可能である。それゆえに、夜刀の神の棲む恐るべき領域への侵犯は可能になった。

起源神話はつねにこのように語られる。今は豊かな水田になっている谷間の地が人のものになったのは、自然神＝始源以前の渾沌との戦いに勝利したからだ、と。そして同時に彼らは、そこが恐ろしい土地でもあるというタブー性を抱え込む。それゆえに、前半部分の末尾に語られる「今」(＝風土記の編纂時点)における夜刀の神への祭祀は、その谷間が人の耕す水田になった根拠を保証するために行われるとともに、人びとの側の犯しに対する償いとしても行われるのである。だから、その祭祀は未来永劫に止めることができない。ここには、神＝自然に立ち向かいつつ、神＝自然を恐れ敬う心性があるといえるだろう。

国家の影

では、後半に語られる伝承はどのように読めるか。ここには、村落的な王権を絡めとるようにして国家がかぶさってくる。その象徴として置かれたのが、壬生連麿という人物である。

壬生連という一族は、常陸国風土記にしか出てこず(壬生という氏はいるが「連《むらじ》」の姓をもつ一族は他に例がない)、当該伝承のほか行方郡条の冒頭に、やはり孝徳朝のこととして「茨城《うばらき》の国造《くにのみやつこ》小乙下《せうおつのしもつしな》壬生連麿、那珂《なか》の国造《くにのみやつこ》大建《だいけむ》壬生連直夫子《あたひをのこ》等」が、朝廷から派遣されていた「惣領《すべをさ》」(律令官制以前に置かれ、いくつかの国を束ねて支配するために朝廷から派遣された地方長官)に申請して、茨城郡の一部と那珂郡の一部とを分割して新たに行方郡を置いたという記事がある(那珂郡の分割については、現存する本文からは脱落している)。

そこから推測すると、壬生連という一族は、常陸国の中部から南部にかけての那珂・茨城・行方の三郡を勢力圏にもつ豪族であったとみられる。しかも彼らは、「連」という姓と「国造」という地方支配権と「小乙下」「大建」（大建は天智朝の位階だから孝徳朝のこととするのは不審だが）という位階を朝廷から与えられている。すでに、この伝承の段階では独立した権力をもつ氏族ではなく、ヤマト王権の地方支配に組みこまれ国家の枠組みに絡めとられた一族だったということになる。

生き延びる夜刀の神

壬生連麿が夜刀の神の妨害に対して、「目に見ゆる雑《くさぐさ》の物、魚虫《うをむし》の類は、憚《はばか》り懼《おそ》るることなく、ことごとに打ち殺せ」と使役する民に命じることができたのは、けっして彼自身の力ではなく、その背後の、「連」を与え「国造」を与えた朝廷（国家）の力である。それが「風化」ということばによって示される。

風化は、朝廷（天皇）の威光に靡《なび》き従わせることを意味し、和語ではオモムケ（面・向）と訓まれ、まつろわない者の顔をこちらに向けさせること、つまり帰順させることを意味した。朝廷＝天皇の威光によって、谷間を領有する自然神である夜刀の神は、「目に見ゆる雑の物、魚虫の類」＝蛇へとおとしめられたのである。それは、スサノヲが切り刻んでみたら、恐ろしいヲロチは「蛇」だったというのと同じだ。

もうひとつ、後半の伝承に語られている築池《ちくち》について述べておかなければならない。古事記や日本書紀をみると、天皇のなすべき重大な仕事の一つに池や堤防を築くことがあるが、それは、こうした事業が「文化」を象徴するからである。常陸国風土記にもいくつかの築池記事があり、「枡池《ますいけ》あり、こは高向《たかむこ》の大夫《まへつぎみ》の時に築《つ》ける池なり」「国の宰《みこともち》当麻《たぎま》の大夫の時に、築ける池、今も路《みち》の東にあり」（ともに行方郡条）と語られている。その高向の大夫や当麻の大夫は、ヤマトから常陸国に派遣された「宰＝ミコトモチ」（天皇のことば〔ミコト＝み言〕を受けて地方を治める者）であり、これらの事業も、朝廷（天皇）の威光を受けて完遂されたものだということを語っていることになる。

絡めとられる地方

こうした治水事業＝築池は、神の側に委ねられてあった水が、人＝国家の管理へと移りゆく過程を象徴化しているというふうに説明することもできる。ただ、それほど単線的に、水＝自然は神のものから人のものへと移行したわけではない。それが古代なのだ。

先にふれたとおり、前半の末尾に記された「麻多智の子孫が代々受け継いで祭りを行い、それは今に至るまで絶えずに続いている」という、その「今」は、常陸国風土記の撰録時点をさしていた。そして、後半の末尾にある「その池を、今、椎井の池と呼んでいる」とある「今」もまた、同じ時点に置かれている。つまり、始源の出来事から続く「今」が、この伝承ではヲホド(継体天皇)の時代の麻多智と、孝徳天皇の時代の麿とによって二重化されているのである。

そのことは、ここに語られている「今」が、共同体の今と国家の今とに分裂して存在するということを示している。この伝承に従うかぎり、国家の威光を受けて池が造られ、夜刀の神が天皇を後ろ楯とする麿によって追い払われたとしても、共同体の側には、今も祀り続けるべき水源の神として夜刀の神は生き続けているのである。しかし、当然のこととして、村落的な共同体は国家に絡めとられてしかし存在しないわけで、共同体の側の祭祀も変貌を余儀なくされるのは明らかだ。

したたかな神

常陸国は、風土記の撰録段階でいえば、ヤマトの領域の東の果て、常世の波の寄せる地であった。そこは、古代国家にとって外側の世界と接する境界領域として位置づけられる場所である。その境界は、律令国家の拡大とともに東へそして東北へと延びてゆくことになるが、常陸国の東の端に武神タケミカヅチ（武甕槌神）を祀る香島（鹿島）神宮が鎮座するということが、常陸国の位置を象徴する。その対となる社が、おなじく日本書紀の伝える国譲り神話で功績のあったフツヌシ（経津主神）を祀る下総国の香取神宮である。

ある時期、常陸国はヤマト王権の侵略あるいは防御の最前線として存在した。倭武天皇の遠征もそうした状況と呼応しているのは明らかであり、そのように緊張をはらんだ中央と地方との関係のなかで、夜刀の神の伝承は語られていた。

継体朝と孝徳朝とのおよそ一五〇年の隔たりとして語られている時間が、実態としての歴史にそのまま置き換えられるかどうかは別にして、このようなかたちで、人びとの土地は、ヤマトの王権に吸収され、地方として位置づけられる。その収奪の証しがこの伝承からは窺える。

そうでありながら、夜刀の神を祀る土地の人びとは、「今」もしっかりと自分たちの神を祀っている。このように「今」を読むと、なんだかほっとさせられる。

3　松になった男女

歌垣で出会った男女

常陸国風土記には若い男女が出会う恋の場として歌垣《うたがき》がしばしば登場する。歌を掛け合いながら男女が結ばれるという祭りで、筑波山を舞台にした伝承が有名である。そして歌垣は、山ばかりではなく海岸でも行われており、そのひとつが童子女《うない》の松原と呼ばれる香島の海岸を舞台にした伝承である。風土記のなかではもっともロマンチックな変身譚として語られている。

① 古《いにしへ》、年少《としわか》き童子《わらは》ありき「俗《くにひと》、神のをとこ・神のをとめといふ」。男を那賀《なか》の寒田《さむた》の郎子《いらつこ》と称《い》ひ、女《をみな》を海上《うなかみ》の安是《あぜ》の嬢子《いらつめ》と号《なづ》く。並《とも》に形容端正《かたちきらきら》しく、郷里《むらざと》に光華《かがや》けり。名声《な》を相聞《あひき》きて、望念《ねがひ》を同じくし、自愛《つつし》む心滅《う》せぬ。月を経《へ》、日を累《かさ》ねて、嬥歌《うたがき》の会《つどひ》に、邂逅《たまさか》に相遇《あひあ》へり。時に、郎子、歌《うた》ひけらく、

いやぜるの　阿是《あぜ》の小松に　木綿垂《ゆふし》でて　吾《わ》を振り見ゆも　安是子し舞はも

嬢子、報《こた》へ歌ひけらく、

潮《うしを》には　立たむと言へど　汝背《なせ》の子《こ》が　八十島隠《やそしまがく》り　吾を見さば知りし

すなはち、相語らむと欲《おも》ひ、人の知らむことを恐りて、遊《あそ》びの場《には》より避《さ》り、松の下に蔭《かく》りて、手を携《たづさ》へ、膝を促《ちかづ》け、懐《おも》ひを陳《の》べ、憤《いきどほ》りを吐く。すでに故《ふる》き恋の積もれる疹《やまひ》を釈《と》

き、また、新《あら》たなる歓《よろこ》びの頻りなる咲《ゑまひ》を起こす。

②時に、玉の露おく杪《あき》の候《とき》、金《あき》の風ふく々《あき》の節《とき》なり。皎々《あきら》けき桂月《つき》の照らす処は、唳《な》く鶴《たづ》の之《ゆ》く西《にし》の洲《しま》なり。颯《さ》々《や》げる松颸《まつかぜ》の吟《うた》ふ処は、度《わた》る雁の之《ゆ》く東《ひむがし》の岵《やま》なり。夕《ゆふべ》は寂寞《しづ》かにして、巌《いはほ》の泉《しみづ》旧《ふ》り、夜は蕭条《さび》しくして、烟《けぶ》れる霜新《あら》たなり。近き山には、自《おのづか》ら黄葉《もみちば》の林に散る色を覧《み》、遥《はる》けき海には、ただ、蒼波《あをなみ》の磧《いそ》に激《たぎ》つ声を聴くのみなり。茲宵《こよひ》ここに、楽しみこれより楽しきはなし。

③偏《ひと》へに語らひの甘き味《あぢはひ》に沈《おぼ》れ、頓《ひたぶる》に夜の開けむことを忘る。俄《には》かにして、鶏《とり》鳴き、狗《いぬ》吠《ほ》えて、天暁《そらあ》け日明らかなり。ここに、僮子《わらは》等、せむすべを知らず、つひに人の見むことを愧《は》ぢて、松の樹と化成《な》れり。郎子を奈美松《なみまつ》と謂ひ、嬢子を古津松《こつまつ》と称ふ。古へより名を着けて、今に至るまで改めず。（香島郡）

二つの文体と歌謡

祭りの場で出会い、一夜を過ごした年若い男女が、夜明けとともに松に変身してしまったという物語である。この話は、もとは歌垣の舞台となった香島地方の海辺で、土地の古老が伝えていたと考えてよかろう。それが筆録されて、常陸国風土記に載せられた。ただし、「時に、玉の露おく、……」ではじまる②段落をみると、この部分は秋の夜の風景を描いているのだが、他の部分とは文体が違っている。おそらく、常陸国風土記に収める際に漢文的な潤色によって加えられたもので、その原文の翻刻には異同が多いのだが、諸注を勘案して掲げてみる。

于時、玉露杪候、金風々節、皎々桂月照処、唳鶴之西洲、颯々松颸吟処、度雁之東岵、夕寂寞兮、巌泉旧、夜蕭条兮、烟霜新、近山自覧、黄葉散林之色、遥海唯聴、蒼波激磧之声、茲宵于茲、楽莫之楽

この部分は、前後の①や③とは違って美文調の漢文、四六文《しろくぶん》(四六駢儷体《しろくべんれいたい》)で叙述されている。漢詩では、五言絶句とか七言律詩とか、五文字や七文字のことばをつないで詩を作るのが基本的なかたちだが、それとは別に散文による美文があり、そのひとつの様式に四六駢儷体がある。四文字と六文字の連なりで文章を整えてゆく文体で、この文章は漢文の素養に基づいて書かれている。おそらく、かなり巧みな漢文の使い手が書いたと思われ、そのために、第一章でふれたように、撰録責任者として藤原宇合《うまかい》の名が挙げられもするのである。

こうした美文調の風景描写がもとから語り伝えられていたとは考えられず、漢文の知識を用

いて書き加えたのは明らかだ。土地で伝えられていたのは、二人の若い男女が歌垣の場で偶然に出会って恋に落ちるが、夜明けとともに松になったという話(①+③)だったろう。

伝承のなかに挿入されている少年と少女がうたいあった歌謡は、意味がとりにくい。最初の歌謡でいうと、「いやぜるの　あぜのこまつに」とあり、「いやぜる」は「あぜ」という地名にかかる枕詞だが、そのイヤゼルは意味不明。アゼノコマツニという部分は、「阿是の子、松に(安是の子が)(手草の)松の小枝に)」とも「阿是の小松に(安是に生えている小さな松に)」とも解釈できる。その松の枝に「木綿」(コウゾの繊維をさらして作った糸)を垂らし、その枝を手にして舞うのは神に仕える少女か。その少女がわたしを振り返りながら舞っていると歌う。

それに答える少女の歌も解釈が定まらない。潮の中に立っていようと言ったけれども、「汝背(いとしいあなた)」が、八十島(見物するたくさんの人々)に隠れてわたしをごらんになっていたので、すぐに気づきました、といった意味か。

二首の歌謡の解釈がむずかしいのは、これらの歌が古くから口頭で伝えられていたからだと思われる。意味がわからなくなるのは、伝承の歴史が長いために伝えられる過程で音声を通したことばの変化や訛りが生じて意味がとれなくなったからである。そこに、この伝承の中核部分の古さは証明される。そしてそこに新たに、文字化にともなう漢文的な修辞が加わったのが風土記に載せられた記事である。

那賀の寒田と海上の安是

主人公の男女は、土地の人びと（俗）から「神のをとこ・神のをとめ」と呼ばれている。松に変身したという結末から、愛称としてそう呼ばれるようになったのだろう。少年の名は「那賀の寒田の郎子」、少女の名は「海上の安是の嬢子」という。那賀というのは地名で、常陸国那賀郡の那賀であろう。どちらも土地を冠した男と女で、伝説を背負った呼称である。

この伝承の舞台になっている童子女《うない》の松原があるのは香島郡、その北に那賀郡は位置している。香島郡は神郡として新たに設置されたもので、もとは那賀郡の一部であった。そのことは、香島郡の冒頭に置かれた次のような記事からわかる。

古老の曰《い》へらく、難波の長柄の豊前《とよさき》の大朝《おほみや》に馭宇《あめのしたしろ》しめしし天皇のみ世、己酉《つちのととり》の年に、大乙上《だいおつのかみのしな》　中臣の□《欠字》子、大乙下《だいおつのしものしな》　中臣部の兎子《うのこ》等、惣領高向《すべをさたかむこ》の大夫《まへつぎみ》に請ひて、下総《しもつふさ》国海《うな》上《かみ》の国造の部内《くぬち》、軽野より南の一里と、那賀の国造の部内、寒田より北の五里とを割きて、別《こと》に神の郡《こほり》を置きき。

大化五年（六四九）、那賀郡の五里（里は五〇戸を一里とする行政村）と下総国の海上郡《うなかみ》の一里とを分割し、新たに香島郡が建てられた。大きな神社がある土地に神を祀るための神郡を設置する例は、伊勢神宮の度会《わたらい》・多気《たき》の両郡、香取《かとり》神宮の香取郡など各地にみられるが、香島の場合は、常陸と下総という二つの国をまたいだ神郡の設置だった。そして、ここに語られている恋物語は、そうした国境を越える恋として語られていたのである。

歌垣と通婚圏

大化年代の香島郡建郡以前は、この二つの土地は、那賀の国造と海上の国造とがそれぞれ領有しており、まったく別の支配圏に属していた。そこから考えれば、この伝承には、歌垣が行われる童子女の松原を挟んで、北に位置する寒田の少年と、南の安是に住む少女との禁じられた恋が主題になっていることがわかる。

このことが何を意味しているかというと、人びとは政治的な支配領域を越えた広がりのなかで行き来したり、交易したりしていたということだ。そして、そのような交流のなかに歌垣や市《いち》は存在し、そこは物語や歌が伝えられる舞台にもなった。そこで語られていた恋物語であるというのが、この伝承を読み解く鍵になる。地理的には緊密につながる土地でありながら、那賀氏と海上氏とがそれぞれ支配するゆえに分断された境界領域が舞台となる。

この、通婚圏の外側の、ふだんは別の世界に住む男女が歌垣で出会って恋に落ちるというのは、古代の婚姻形態からするとタブー性を抱えた許されない恋となる。シェークスピアの『ロミオとジュリエット』とか、ミュージカル映画『ウエスト・サイド物語』とかを想い出させるような、禁じられた恋というモチーフがこの物語を支えている。

男系社会からみると、結婚によって女を手に入れることは、財産を手に入れることでもある。またそれは、社会的な関係を作ることであり、ある種の交易だと考えてもいい。そこには、通婚圏という一種のルールが存在する。つまり、ここまでの範囲は自分たちが妻をめとることができる地域であり、その外側では結婚は成立しないといった、結婚相手を選ぶ範囲があった。多くの場合、通婚圏は、経済的な交易圏や政治的な領域と重なっていた。結婚関係をとり結ぶことは、共同体と共同体とが緊密な関係性をもつ上で重要な要因となり、通婚圏(交易圏)を異にする女性との婚姻を、共同体が許可しないのは当然である。

この物語では、歌垣の場で、普通なら結婚することのできない男女が出会って恋に落ちる。そのために二人は消えなければならなかったということになる。それは死んだといってもよいし、神になったと見なしても同じだ。

メタモルフォーゼ

夜明けとともに松になるという幻想的な結末は、「禁じられた恋」という枠組みのなかでこの上ないファンタジックな話を生みだした。たんにタブーを犯した恋というだけではない、もう一つの物語が浮かび上がる。

暗黒の夜と明るい昼とのあいだ、そのはざまの時刻を人は、「かはたれ」(彼《か》は誰《たれ》の意)とか、「たそがれ」(誰《た》そ彼《かれ》の意)と呼ぶ。どちらも顔の見分けがつかない夜明け前と夕暮れ頃の時刻をさすことばだが、その境目の時刻に変身が起こるというのが、物語の一つのパターンである。

柳田国男『遠野物語』によれば、「黄昏《たそがれ》に女や子供の家の外に出てゐる者はよく神隠しにあふことは他の国々と同じ」(第八話)とあるように、たそがれ時にしても、かはたれ時にしても、それはとても危険な時刻であり、神と人とが入れ替わる刻限であった。

昔の人びとにとって、鬼が跋扈《ばっこ》する、人が掌握できない時間が夜であり、人間が生活するのは昼間であった。太陽が昇り、沈むまでの時間が人間のもの、夜は神々の時間というように、昼と夜は、まったく違う二つの世界だった。そして、祭りの夜だけは、人が神とともに過ごすことのできる聖なる場となった。それが非日常の祭りだとみれば、なぜ祭りは夜に行われるのか、なぜ祭りの場で神と人とが出会うのかがわかるだろう。

ここでは、神から人への交替の時刻に人から松への変身が生じ、その境目の時刻が物語の発想を支えている。この伝承には、メタモルフォーゼ（変身）が可能な装置がそろっているということになる。恋を語らう男女が夜明けとともに松になるという話は、楽屋裏を覗いてしまえば、もともと明るい太陽の光のもとで存在していたのは二本の松だったのではないかという推測を浮かび上がらせる。「かはたれ」時を挟んで、男女が二本の松へと入れ代わる。この話には「たそがれ」時についてはなにも語らないが、説明すれば次のようになる。

禁じられた恋

ある浜辺に二本の松が立っていた。夜になり祭りが始まるとともに、松は若い男女に変じた。つまり、たそがれ時にもメタモルフォーゼが起こっていたのではないか。神のおとこ・神のおとめというのは、松の木の精かもしれない。その二本の松の木の精が、夜のあいだ、神々の時間のなかで美しい男と女に変じて恋を語らい、夜明けとともに元の松の木にもどる。映画の技法でいうと、松と人とがオーバーラップしながら交替する。ここに描かれているのは、美しい秋の夜の海辺で行われる祭りを舞台にした松の木の精の恋物語だった。

一方、これを人間たちの物語世界と重ねると、通婚圏の外側に置かれた男と女が恋に落ちるという、許されない悲しい恋の物語として説明することも可能であり、人間の男とは交わることのできない神に仕える巫女《ふじょ》(禁じられた女)に恋をした男の物語というような解釈も可能になる。そして、そうしたいくつもの解釈のなかのどれが正しいかという、択一的な選択をするのではなく、いくつもの層を抱え込みながら語られる話だったのではないか。そうした広がりをもつという点で、この伝承は聴く人の想像力を刺激する、たいそう魅力的な話となった。そしてそれを可能にしたのは、語り継がれる伝承だからではないかと思う。

民間伝承の宝庫

常陸国風土記で目立つのは、口頭によって語り継がれてきた伝承が数多く収められていることである。たとえば、祖神《おやがみ》が姿を変えて福慈《ふじ》の神(富士山の神)のところに宿を借りに行くが、福慈の神は大切な祭りの夜なので貸せないといって追い返してしまう。それに対して筑波の神は、訪れた祖神を、大事な祭りの晩ではあるがと言って大切にもてなす。すると祖神はその素性を明らかにし、筑波には祝福を、福慈の神には罰を与えたという話がある(筑波郡)。

この話は、昔話「大歳の客」と同型の、外者歓待譚と呼ばれる類型的な伝承であり、それが富士山にいます神と筑波山の神との対比によって語られている。そして、訪れた神に祝福された筑波の山の神は人びとに祝福され、いつも人が集まるにぎわう山になったというふうに、筑波の歌垣の起源として語られる（筑波郡）。

天から飛び来った白鳥が、地上に降りると女になり、石を積んで池を作ろうとするが積むとすぐに壊れて完成させることができず、歌を歌って天に昇ってしまい二度と降りてこなくなったという話や、角のある蛇が浜辺で穴を掘り東の海に抜けようとしたが、途中で角が折れてしまったという話など、完成しない神の事業も語られる（ともに香島郡）。

むかし、巨大な男がいて、丘に座ったままで手を伸ばして海岸のウムギ（はまぐり）をつまんで食べていた。その食った貝の殻が積もって岡になったのが、大櫛の岡だという（那珂郡）。その岡は、今も水戸市大串に遺る大串貝塚のこととされているが、縄文人の遺した貝塚への驚きを、大男の大食漢ぶりを語るエピソードに仕立てて伝える古代の人びとの発想に、ほほえましさを感じてしまう。

また、那珂郡の茨城里には神婚神話が遺されている。ヌカビコ（努賀毗古）とヌカビメ（努賀毗咩）という兄妹がおり、妹の許を訪れる素性のわからない男と妹は夫婦になる。ところが妹が生んだ子は蛇の姿をしており、それがどんどん大きくなって養えないと告げると、蛇の子はヌカビコを震《ふ》り殺して(雷の力で殺して)天に昇ろうとした。そこでヌカビメが瓮《ひらか》(素焼きの器)を投げつけると、蛇は墜落して晡時《くれ》臥山《ふしやま》の頂上に留まったので、そこに神社を建てて祀った(那珂郡)。この話は、古事記にも出てくる丹《に》塗矢《ぬりや》(三輪山)型神婚神話と呼ばれる神話の一類型で、昔話「蛇婿入り」などに通じる伝承である。

あるいは、天から降りてきた神が、里に近い松の木に住みつき人びとに祟りをなすので、百姓たちはたいへんな迷惑を被ることになった。そこで神にお願いして里に近いところから「高山の浄き境」に移ってほしいと頼み、賀毗礼《かびれ》の峰に引っ越してもらった(久慈郡)。この話では、邪魔な神に退却交渉をする人間を主体として語っており、そこに民間伝承らしいたくましさが窺えるようで楽しい。

このように、さまざまな伝承を満載して常陸国風土記は伝えられている。そこには、国家の側の力が被さった征服譚も語られるが、一方で、土地に根付いて語り継がれた話も多い。風土記の魅力は、そこに語られている何気ない伝承に目を向けるところから見いだせるのである。

第四章　出雲国風土記

——神の国ともう一つの文化圏

1　撰録者としての出雲国造

天平五年

出雲《いずも》国風土記は成立年と撰録者がはっきりと記された現存唯一の風土記であるが、それゆえに成立にまつわる疑問も生じてしまう。巻末奥付の「天平五年二月卅日、勘造」とある日付をどのように考えればよいか、これがまず出雲国風土記の大きな問題である。なぜ、命令から二〇年も経て提出されることになったのか。そもそも、現存する出雲国風土記を、和銅六年(七一三)の官符に応じて提出された報告文書「解《げ》」と見なしてよいものかどうか。

現存する写本には、常陸国風土記のように「解」であることを示す表題や文言はない。しかも、本来なら国守の署名があってしかるべき場所に出雲国造《くにのみやつこ》の名があり、公式の「解」ではなく出雲国造側の内部文書として作られたと考えることもできる。あるいは、早い段階で国守によって提出されたが、何らかの事情があって書き直しが命じられるというような事態が生じ、天平五年(七三三)の出雲国造による勘造(考え造る意。「撰録」などに同じ)という通例では考えにくい奥付になっているとも考えられる。あるいはまた、出雲国にあっては、国守の統治機能が全土に及びにくく、国造—郡司ラインによって政治的な面も担われていたという可能性もあるかもしれない。とりわけ郡司層の協力が不可欠な風土記の撰録に、国造の介入は当然だったというふうに。しかし、『続日本紀』をみると、出雲国にも国守はきちんと赴任しており、不審な点はない。

疑惑の表明からはじめてしまったが、一般的な見解としていえば、天平五年という日付も出雲国造が撰録責任者であることも、疑われているわけではない。奥付のままに受け入れるというのが、大方の研究者の立場だという点ははっきり記しておこう。

養老四年(七二〇)に成立した日本書紀を参照していることが明らかな九州の風土記が現存するところからみて、天平五年(七三三)の成立を否定する根拠もそれほど有力というわけではない。しかし、奥付の記述をそのまま受け入れたのでは、二〇年後に提出されることへの疑問や、国造が関与することへの疑義に目をつむることになってしまう。それでよいのだろうか。

日本書への意志

いわゆる風土記の撰録命令が「日本書」地理志を編むためだという理解の上に立って考えれ

ば、「日本書」編纂の意志がヤマト王権の内部でいつまで持続したかということと、撰録から二〇年後に出雲国風土記が上申されたということはかかわっているだろう。

日本書紀が「日本書」紀として七二〇年に奏上されたのは第一章で論じたとおりだが、その段階ではたしかに「日本書」は求められていた。ところが、次の正史は「続日本書」にはならず、『続日本紀』になった。その『続日本紀』が完成した延暦《えんりゃく》一六年(七九七)の段階には、「志」と「列伝」を作るという方針は確実に消滅していた。

ということは七二〇年から八世紀末までのあいだのいつの頃かに、公式の歴史書は、列伝と志とを断念し、「日本書」から「日本紀」へと軌道修正がなされたということになる。その転換点が天平期以降であれば、出雲国風土記も九州風土記も地理志の構想が生きているなかで編まれたと理解することが可能となる。しかし、くり返すことになるが、それを受け入れるには出雲国造が撰録責任者であることに妥当性がなければならない。

歯切れのわるい言い方しかできないが、わたしには、出雲国造が責任者として署名した出雲国風土記は、正式な「解」ではなく、何らかの理由で国造側によって撰録された書物ではないかという疑念が拭いきれないのである。国守が提出した「解」に対して国造には何らかの不満があり、この書は編まれた。その書が、ヤマト朝廷に「解」として提出されたか、それとも出雲の側に留め置かれたかはわからないが、私撰本とでもいえる書物として出雲国風土記は現存するのではないか、そんなふうに考えたほうが納得しやすいとわたしには思えるのである。

出雲国造について

そこでまずは、出雲国造とはいかなる存在かを考えてみる。

国造とは、中央の官僚が国司（守《かみ》・介《すけ》・掾《じょう》・目《さかん》）として地方に赴任し国を治めるという律令体制による地方行政制度が施行される以前、それぞれの土地の土着豪族を国の統治者として任命し世襲的に地方支配を担わせた、その制度上の呼称である。したがって、ほとんどの国造は、国司制度が敷かれるとともに廃止されてゆくのだが、出雲だけは律令制下においても国造制度が遺り続け、国司との二重統治体制が敷かれるという、きわめて特異な国となった。

なぜ出雲国造だけが残存し続けたのかといえば、やはり国譲り神話に語られている出雲の服属という出来事とつながっているとみるほかはない。ただし、古事記と日本書紀とでは、出雲とヤマトとの神話的な関係は大きく違っているが、出雲の大神オホナムヂ（オホクニヌシ）は、ヤマト王権にとっては律令体制下においてもないがしろにはできない、他の諸国の神々とは一線を画して祀る必要のあった神だった。そのために出雲国造を廃することができなかったのではないかと、わたしは推測する。

アメノホヒ

出雲国の国造となったのは出雲臣《いずものおみ》と呼ばれる豪族だが、彼らは、祖神をアメノホヒあるいはその子タケヒラトリ（タケヒナトリとも）と伝えている。そしてこの点は、古事記と日本書紀あるいは『古語拾遺《こごしゅうい》』などの諸書も共通する。たとえば日本書紀には、「次に天穂日命《あめのほひのみこと》［こは、出雲臣・土師連《はじのむらじ》等が祖《おや》なり］」（第六段正伝）とあり、古事記にも、「この、後に生める五柱の子の中に、天菩比命《あめのほひ》の子、建比良鳥命《たけひらとり》［こは、出雲国造・無耶志《むざし》国造・上菟上《かみつうなかみ》国造・下菟上《しもつうなかみ》国造・伊自牟《いじむ》国造・津島県直《つしまのあがたのあたえ》・遠江《とほたふみ》国造等が祖ぞ］」とあって、その筆頭に出雲国造の名がみえる。

これらの伝えによれば、出雲臣は出雲土着の豪族ではあるが、国つ神（地上に出自をもつ神の総称）を祖とするのではなく、天つ神（高天《たかま》の原《はら》に出自をもつ神の総称）の子孫ということになる。いうまでもないが、アメノホヒは、スサノヲとアマテラスとのウケヒによる子生み（ウケヒ神話）において、スサノヲが、アマテラスが身に着けていた玉を嚙み砕いて吹き出した時の、五柱のうちの二番目に吹き成された子であった。これら五柱の男神は、玉の持ち主がアマテラスであったというのを理由に、長男のアメノオシホミミをはじめすべてがアマテラスの子とされたわけで、彼らは天つ神のなかの天つ神といってよい神である。

アマテラスの直系とされるアメノホヒが、なぜ、出雲根生《ねお》いとされる出雲臣の祖神なのか。いうまでもなくそれは、国譲り神話に語られている内容に呼応する。

　こちらも簡略に紹介すると、日本書紀によれば、高皇産霊尊《たかみむすひのみこと》は、皇孫《すめみま》の天津《あまつ》彦彦火瓊瓊杵《ひこひこほのににぎの》尊《みこと》を「葦原《あしはら》の中《なか》つ国の主《きみ》」にしようとするが、地上には邪神があふれ草木が物言うような混沌状態だった。そこで、諸々の神と相談し、天穂日命を派遣して地上を平定させる。しかし、「この神、大己貴神《おほなむぢのかみ》に佞《おもねり》媚《こ》び、三年に比及《いた》るまでに、なほし報聞《かへりごとまを》さず」（第九段正伝）とある。この点は古事記もほぼ同様に、「天菩比神を遣はせば、すなはち大国主神に媚び附きて、三年に至るまで復奏《かへりごとまを》さず」とあって、出雲臣の側からすれば、オホナムヂ（オホクニヌシ）に媚びて三年間報告もしないと語られる祖神アメノホヒは、まことに情けない神なのである。

なぜアメノホヒが祖神か

出雲臣にとっては屈辱的とも感じられそうなアメノホヒが、なぜ出雲臣の祖となったのか。しかも、土着の神ではなく、天皇氏と血筋のつながる天つ神が、なぜ出雲臣の祖神なのかといえば、彼らはヤマトに服属した一族だからである。もちろん、出雲臣は、もとは出雲地方（具体的な本拠地はのちに考える）を領有する土着豪族であった。その彼らがヤマトの勢力に屈して服属したゆえに、「国造」の称号が与えられ、出雲国の支配権を委譲された。そうした謂われをもつ一族が出雲臣であるということを、まずは確認しておきたい。

このように考えるのは、出雲臣を貶《おとし》めようというわけでは決してない。生き延びた豪族たちはすべて、同じような過程を経て国家に包み込まれていったのである。そういう意味で、出雲臣は最後まで天皇氏に抗《あらが》い続けた誇り高き一族だったといえるのである。

アメノホヒは、天皇氏と血縁をもち、地上平定のために出雲の地に降臨し、そのまま地上のオホナムヂ（オホクニヌシ）の許に留まった神であるゆえに、出雲臣の祖神としてふさわしいと見なされたのだ。したがって、ヤマトと関係をつなぐ以前から出雲臣の祖神がアメノホヒだったとは考えにくい。おそらく、彼らが独立して出雲に勢力を誇っていた段階では、別の神を祖神として祀っていたはずである。それはオホナムヂであったかもしれないし、ヤツカミヅオミヅノであったかもしれない。あるいはカムムスヒという名も浮かぶ（後述）。

しかし、古事記や日本書紀に語られるアメノホヒの神話をそのまま受け入れることは、出雲臣の側にとって本意ではなかったというのは容易に察せられる。そのことは、「出雲国造《いづものくにのみやつこの》神賀詞《かむよごと》」（『延喜式』巻八所収）と呼ばれる服属詞章に語られる神話と、日本書紀や古事記の国譲り神話とを比較すればよくわかる。

神賀詞の語る神話

「出雲国造神賀詞」は、世襲的に継承される出雲国造の代替わりごとに、天皇の前に出て唱える服属儀礼の詞章である。そこで語られる国譲り神話は次のような内容をもつ。

高天《たかま》の神王高御魂命《かむみおやたかみむすひのみこと》の、皇御孫《すめみま》命に天の下大八島国《おほやしまぐに》を事避《ことよ》さしまつりし時に、出雲の臣等が遠《とほ》つ神、天穂比命《あめのほひ》を、国体《くにがた》見に遣はしし時に、天の八重雲をおし別けて、天翔《あまがけ》り国翔《くにがけ》りて、天の下を見廻《みめぐ》りて返事《かへりごと》申したまはく、「豊葦原《とよあしはら》の水穂の国は、昼は五月蝿《さばへ》なす水沸《みなわ》き、夜は火瓫《ほべ》なす光《かがや》く神あり、石《いは》ね・木立《こだ》ち・青水沫《あをみなわ》も事問《ことど》ひて荒ぶる国なり。しかれども鎮《しづ》め平《む》けて、皇御孫命に安国《やすくに》と平らけく知ろしまさしめむ」と申して、己命《おのれみこと》の児《みこ》天夷《あめのひな》鳥《とり》命に布都怒志《ふつぬし》命を副へて、天降《あまくだ》し遣はして、荒ぶる神等《かみども》を撥《はら》ひ平《む》け、国作らしし大神をも媚《こ》び鎮《しづ》めて、大八島国の現《あき》つ事・顕《うつ》し事、事避《ことよ》さしめき。

アメノホヒの功績を、地上偵察を果たして報告した神として位置づけ、その子タケヒナトリ

（アメノヒナトリ）を日本書紀のタケミカヅチの位置に据え直して地上平定に遣わし、大国主（国作らしし大神）を平定したと語っている。ここでは、日本書紀に語られている正史の伝えを換骨《かんこつ》奪胎《だったい》するかたちで、アメノホヒとタケヒナトリは、国譲りにおいて中心的な役割を果たした功績のある神に位置づけられている。

こうした神話が、日本書紀の国譲り神話とは別個に、出雲の側で古くから語られていたという心配はまったくない。この神話は、日本書紀の国譲り神話を下敷きにしながら、それを換骨奪胎して、アメノホヒ（あるいはタケヒナトリ）を自らの祖とする伝えに基づいて新たに語り直したのであり、それが国造交替の際に天皇の前で行われる服属儀礼（親任式でもある）において唱えられる詞章に組み込まれたのである。それによって出雲国造家は、屈辱的な日本書紀（ましてや古事記）を根拠とせずに、天皇氏に仕える天孫系氏族であると主張することができるようになった。いうまでもないが、この詞章は朝廷も承認していたから唱えることができるわけで、そこから考えても、日本書紀の編纂からそうとうの時間を経たのち、おそらく八世紀後半以降に語られるようになった詞章であると見なすことができるだろう。

出雲臣の本拠

国造の居館は、国府のあった意宇《おう》郡に置かれていた。そして出雲臣は、出雲国風土記の巻末に、「国造にして意宇郡の大領を帯びたる外正六位上勲十二等、出雲臣広嶋」と署名されているとおり、国造であるとともに意宇郡の大領でもあった。土着豪族から世襲的に選ばれる郡司は、大領《たいりょう》・少領《しょうりょう》・主政《しゅせい》・主帳《しゅちょう》の四等官で構成され、大領は郡の最高責任者である。意宇郡では、その四等官のいずれにも出雲臣が就いている。このことは、出雲臣一族の本拠地が意宇郡(出雲国の東部)にあったということを示していよう。意宇郡は、入り海(宍道《しんじ》湖)の東部から東南部に広がる平地であり、古い勢力が存したことは考古学的な遺物によっても確認できる。

それとともに、出雲国には、宍道湖の西部一帯に大きな勢力が存したことも確認されている。出雲大社の鎮座する出雲郡と、現在は小さな神西《じんざい》湖が残るにすぎないが古代には肥の河(斐伊《ひい》川)や神門《かんど》川(神戸川)が流れ込む巨大な神門の水海《みずうみ》を擁する神門郡あたりが、出雲西部勢力の中心であった。それら出雲国の東と西の主要郡の郡司を、出雲国風土記によって確認すると次のようになる。

意宇郡　大領＝出雲臣《いづものおみ》、少領＝出雲臣、主政＝林臣《はやしのおみ》・出雲臣、主帳＝海臣《あまのおみ》・出雲臣

出雲郡　大領＝日置臣《ひおきのおみ》、少領＝大臣《おほのおみ》、主政＝部臣《べのおみ》(部の上に欠字か)、主帳＝若倭部臣《わかやまとべのおみ》

神門郡　大領＝神門臣《かむどのおみ》、擬少領＝刑部臣《をさかべのおみ》、主政＝吉備部臣《きびべのおみ》、主帳＝刑部臣

西の出雲郡・神門郡には出雲臣の名が見えず、東の意宇郡にだけ出雲臣がいる。それに対して神門郡には神門臣という地名と氏族名とが一致する豪族が居住する。

出雲という国名の由来は、出雲国風土記によれば、「八束水臣津野《やつかみづおみづの》命、詔《の》りたまひしく、『八雲立つ』と詔りたまひき。かれ、八雲立つ出雲と云ふ」（総記）とあるが、あまりきちんとした説明にはなっていない。出雲郡の郡名由来や出雲郷（出雲郡所管）の郷名由来には「名を説《と》くこと国のごとし」とあるだけでなおさら参考にならないが、ふつうは小地名が元にあって国名になることが多い。そこから考えれば地名の由来は西の出雲郡あたりと考えられる。ところが、出雲国風土記の郡司名を参考にしていえば、出雲臣は意宇郡に本拠があり、その勢力は出雲西部にはまったく及んでいないようにみえる。なぜ、そうした不自然な様相を呈することになるのだろうか。

西と東との対立

このことを考えるのに見過ごすことのできない事件が日本書紀に伝えられている。ミマキイ

リヒコ（崇神天皇）六〇年七月条の記事である。簡略に要約しながら紹介する。

朝廷から出雲の神宝を見せろという要求があり、使者が来る。その時、「出雲臣の遠祖出雲振根《いづものふるね》」が神宝を司っていたが、かれは「筑紫国に往《まか》りて、遇《あ》はず。その弟飯入根《おといひいりね》」が、その申し出を受けて、神宝を、弟の甘美韓日狭《うましからひさ》と子の鸕濡渟《うかづくぬ》とに託して朝廷に献上してしまう。筑紫から帰った振根はそれを聞き、「数日待てばよかったではないか」と言って怒り、その恨みは年を経ても鎮まらなかった。

そしてある時、振根は、弟の飯入根を止屋《やむや》の淵にたくさん藻が生えているのを見に行こうと言って誘い出し、ともに水浴びすると、自分は水から先に出て弟の真刀《またち》を佩《は》き、弟にはあらかじめ作っておいた木刀を持たせて太刀合わせをして切り殺してしまう。それを知った甘美韓日狭と鸕濡渟は、朝廷に走る。そこで、朝廷は、吉備津彦《きびつひこ》と武渟河別《たけぬなかはわけ》とを派遣し、出雲振根を誅殺した。

この話は伝承のパターンをとって語られており、どこまで事実を反映しているか否かは検証の余地がある。たとえば、水浴びに誘って太刀を交換して殺すという話は、古事記のヤマトタケル(倭建命)がイヅモタケル(出雲建)をだまし討ちにする場面と同じで、挿入された歌謡(引用では省略)も共通する。また兄弟の対立譚という構造もよくあるパターンだ。しかし、それを単なる伝承パターンとしてすませずに、次のように読み替えてみる。

記事では出雲臣の内部分裂として語られているが、出雲の地には意宇を中心とした勢力と西の神門あたりを中心とした勢力と、二つの勢力があり、一方はヤマトと、一方はツクシとの関係が深かった。そして、両者の勢力争いの果てに、ヤマトの援軍を背景とした意宇の勢力が、ツクシと結びついた西の勢力を倒し、統一された出雲はヤマトの勢力下に組み込まれることになったのだ、と。

弟を殺す舞台となった「止屋《やむや》」は神門郡塩冶《やむや》郷にあり、そこは神門臣の支配領域と考えられる。その辺りには巨大な四隅突出型《よすみとっしゅつ》墳丘墓が集まる西谷《にしたに》墳墓群(出雲市大津町)があるほか、荒《こう》神谷《じんだに》遺跡(出雲市斐川《ひかわ》町神庭《かんば》)や加茂《かも》岩倉《いわくら》遺跡(雲南市加茂町岩倉)における膨大な量の銅鉾《どうほこ》・銅剣や銅鐸《どうたく》の出土によってもわかるように、出雲西部地域に大きな勢力があったことが確認できる。そして、その地の有力豪族として神門臣と呼ばれる一族がいた。

その中心地の一つに杵築《きづき》大社(出雲郡、出雲大社のこと)が建ち、オホナムヂという神が祀られていたと考えてみてもよい。しかも、出雲国風土記の出雲郡には、神門臣古祢《ふるね》という人物名も確認でき(健部郷《たけるべのさと》)、先に引いた日本書紀の記事に出てきた出雲振根のモデルかもしれないと思わせる。

意宇を拠点にする勢力

一方、神宝を朝廷に献上した飯入根《いいいりね》の一族は、歴史と重ねてみれば出雲国造の先祖ということになる。その参考となるのが、日本書紀のオホサザキ(仁徳天皇《にんとく》)の記事に出てくる、屯田《みた》の司という役職を得てヤマトの朝廷に仕えたという「出雲臣の祖、淤宇宿禰《おうのすくね》」という人物である(仁徳即位前紀条)。他に出てこない氏族名だが、淤宇宿禰の淤宇は、意宇郡の意宇と同じとみて間違いなかろう。そして、その淤宇宿禰は、興味深いことに出雲臣の祖だというのである。

その記事を手がかりに、このように考えてみる。

出雲臣は、もとは淤宇(意宇)と呼ばれる氏族であった。その居住地である淤宇(意宇)を名乗る一族は、遅くとも五世紀前半頃にはすでにヤマトとつながりをもっていた、と。

先の日本書紀崇神六〇年の記事は、伝承パターンとしての兄弟対立譚によって語られていたが、歴史的には東の淤宇(意宇)氏と西の神門氏との対立が背景にあったと考えてみる。そして戦いの末に神門氏は敗れ、淤宇(意宇)氏がヤマトの庇護を得て出雲を統一することになった。

その結果、朝廷から与えられたのが、「出雲臣」という氏姓と「国造」という統治権であった。その後、律令制の確立とともに、そこはヤマトの支配する山陰道の一国、出雲国となる。

出雲という名称が、西部の出雲郡出雲郷に由来する土着的な名称か、ヤマトによって与えられた名であったかはわからない。ただ、東に本拠をもつ一族が名乗る出雲臣という名称は、氏族名としても地名としても、出雲東部に根拠があった可能性はない。

このように出雲国風土記の撰録者である出雲国造を位置づけると、出雲国風土記という書物が、日本書紀的な世界に寄り添ったところがあるのは当然である。また、出雲という土地の土着伝承を偏りなく取りあげているかというと、撰録責任者が出雲臣であるという点からみて、それほど単純には受け入れられないかもしれない。

もし古事記の出雲神話が語るような繁栄と服属を経た出雲という世界が過去に存在したとしても、日本書紀がそれを排除したのと同様に、ヤマトに寄り添った出雲国造は、出雲国風土記から出雲の繁栄と服属を語る出雲神話を排除してしまったに違いないと考えられるからである。中央と地方との関係は、その程度には複雑で捩れたものなのである。

断定する根拠は何もないが、以上のように考察してくると、出雲国風土記が、和銅六年の官命を受けて上申された「解」であると、あるがままに認めることへの疑義が出るのは致しかたないことだと認めていただけるのではないか。その疑いが当たっているか否かは、今後の議論に待つしかないとわたしは考えている。

2　王権としての出雲――国引き詞章と語り部

大地を引き寄せる神

出雲国風土記が出雲国造である出雲臣広嶋を責任者として編まれたことを考えると、もともとの本拠地である意宇地方を中心とした出雲東部の伝承が大きく扱われるのは自然の成り行きであろう。そして、それを象徴するのが、よく知られた国引き詞章である。

この詞章は、漢文で書かれた出雲国風土記のなかにあって、音仮名表記を多用し、語りとしての性格を濃厚に伝えている。しかも、その詞章は様式化された荘重な表現を保持しており、たんなる民間伝承というよりは、王に隷属する専門的な語り部によって世襲的に伝えられた表現であろうということは、石母田正の研究以来、しばしば論じられてきたとおりである。

要約したのでは原文のもつ語りの雰囲気を伝えることができない。そこで、少し長い引用になるが、全体の構成と表現がわかるかたちで紹介する（原文は漢文で、カタカナで引用した部分は音仮名表記されている)。

意宇《おう》と号《なづ》くる所以《ゆゑ》は、国引きましし八束水臣津野命《やつかみづおみづののみこと》、「八雲《やくも》立つ出雲の国は、狭布《さの》の稚国《わかくに》なるかも。初国《はつくに》小さく作らせり。かれ、作り縫《ぬ》はな」と詔《の》りたまひて、

(1)「栲衾《たくぶすま》シラキの三埼《みさき》を、国の余《あま》り有りやと見れば、国の余り有り」と詔《の》りたまひて、童女《をとめ》の胸鉏《むなすき》取らして、大魚《おふを》のキダ衝き別けて、ハタススキ穂振《ほふ》り別けて、三身《みつみ》の綱《つな》打ち挂《か》けて、霜黒葛《しもつづら》クルヤクルヤニ、河船のモソロモソロニ、国来国来《くにこくにこ》、と引き来縫《ぬ》へる国は、去豆《こづ》の折絶《をりたえ》よりヤホニキヅキの御埼《みさき》なり。かくて、堅《かた》め立てしカシは、石見《いはみ》の国と出雲の国との堺《さかひ》なる名はサヒメ山、これなり。また、持ち引ける綱は、薗《その》の長浜、これなり。

(2)また、「北門《きたど》の佐伎《さき》の国を、国の余り有りやと見れば、国の余り有り」と詔りたまひて、童女の胸鉏取らして、大魚のキダ衝き別けて、ハタススキ穂振り別けて、三身の綱打ち挂けて、霜黒葛クルヤクルヤニ、河船のモソロモソロニ、国来国来、と引き来縫へる国は、多久《たく》の折絶より狭田《さだ》の国、これなり。

(3)また、「北門の波良《はら》の国を、国の余り有りやと見れば、国の余り有り」と詔りたまひて、童女の胸鉏取らして、大魚のキダ衝き別けて、ハタススキ穂振り別けて、三身の綱打ち挂

けて、霜黒葛クルヤクルヤニ、河船のモソロモソロニ、国来国来、と引き来縫へる国は、宇波《うは》の折絶より闇見《くらみ》の国、これなり。

(4)また、「高志《こし》の都都《つつ》の三埼を、国の余り有りやと見れば、国の余り有り」と詔りたまひて、童女の胸鉏取らして、大魚のキダ衝き別けて、ハタススキ穂振り別けて、三身の綱打ち挂けて、霜黒葛クルヤクルヤニ、河船のモソロモソロニ、国来国来、と引き来縫へる国は、三穂の埼なり。持ち引ける綱は、夜見《よみ》の島なり。固堅《かた》め立てしカシは、伯耆《ははき》の国なる火《ひ》の神岳《かみだけ》、これなり。

「今は、国は引き訖《を》へつ」と詔りたまひて、意宇《おう》の杜《もり》に御杖《みつゑ》衝き立てて、「意恵《おゑ》」と詔りたまひき。かれ、意宇と云ふ。（意宇郡）

発端と結末をみればわかる通り、伝承全体は「意宇」という地名の由来を語る地名起源譚になっている。その内容は、ヤツカミヅオミヅノという巨軀をもつ神が、海のかなたにある四つの国の余った部分を切り取り、綱を掛けて引き寄せ、小さかった元のイヅモに縫い付けて、大きな国にしたという壮大な国作りの神話になっている。そして、四回の国引きによって縫いつけられた土地が、今の島根半島全体である。その国引きが、意宇の杜を基点として西から東へと移動するかたちで語られている。

あくまでも意宇に基点があり、この伝承が、淤宇（意宇）の地を掌握する淤宇一族の支配の根拠を語る神話になっているとみるのがよい。そして、その支配権は、淤宇のみではなく島根半島全体をも視野に入れているという点で、意宇氏というよりは、出雲臣と呼ばれるようになったのちの支配領域を伝えているのかもしれない。

韻律的な文体

国引き詞章の表現上の特徴は、(1)～(4)の部分が、地名を入れ換えただけの、まったく同一のくり返しになっているという点である。とくに引用文に波線を付した部分は、四回ともまったく同一の表現をくり返しており、しかも、その部分は、

童女《をとめ》の　胸鉏《むなすき》取らして　（大魚《おふを》の　キダ衝き別けて、
　　　　　　　　　　　　　　　　　　　　　ハタススキ　穂《ほ》振り別けて、
三身《みつみ》の　綱《つな》打ち挂《か》けて　（霜黒葛《しもつづら》　クルヤクルヤニ、
　　　　　　　　　　　　　　　　　　　　　河船の　モソロモソロニ、

というかたちで、全体が五・七音（短句＋長句）のくり返しになっている。それぞれの句は、五

音句がいずれも枕詞(賛辞句)、七音句が土地を切り取るさまと綱を掛けて海上を引いてくるさまを表現し、整えられた対句によって描写されている。また、クルヤクルヤニ・モソロモソロニのような擬態語が用いられることで、全体はリズミカルな音声表現に仕立てられている。

この部分の表現は、まるでウタといってよく、それが四回くり返されるのは、国引きが四回に分けて行われたからというだけではなく、詞章全体をリズミカルにするために韻律的な性格を強めようとしているからだと見なしてよい。くり返しの効果が最大限に発揮されている。

(1)〜(4)の描写は、それぞれ、どこから切り取り、どこへつなぎ止めたかという叙事的説明的な部分と、韻律的に描写されたオミヅノの国引きのさまを語る部分(波線部)とから成り、それを四回くり返しながら、詞章全体は叙事詩とも呼べる韻律性をもって構成されている。こうしたくり返しは、神歌や昔話など口承表現にしばしばみられる手法であり、この場合も、文字によって書き留められたものでありながら、元来、この詞章が音声を伴って語られ(歌われ)ていたということを強く主張している。

儀礼の場の語り

切り取られた四つの土地、新羅(朝鮮半島)・北門(隠岐島か)のサキとハラ、高志の国(現在の北陸地方をさす呼称)のツツ(能登半島の珠洲《すず》か)は、意宇の地から眺めて日本海を西から東へとパノラマ的に移動しており、縫い付けられた土地も、杵築から美保へと島根半島を西から東へと移ってゆく。そして、その西と東の端を、三瓶山《さんべさん》(サヒメ山)と伯耆大山《だいせん》(火の神岳)とを杭として、引いてきた綱を用いてつなぎ止めるという壮大な景観をイメージさせながら描かれる。

ここには、現実の視覚を超えた俯瞰的な視線があり、そうした発想は、王権的なレベルに位置づけることのできるクニ(国)による支配が確立したのちに可能になった表現である。また、表現のなかに、民間伝承におけるダイダラ坊的な巨人神による国作りをイメージさせる農耕民的なレベルの伝承と、大きな魚を銛《もり》で突くという漁撈民的なレベルの伝承とが混在しており、そこからも、村落的なレベルを超えた詞章であると見なせよう(石母田正)。

おそらく、出雲のなかの広い地域を支配することになった出雲臣(意宇氏)一族に隷属する語り部集団によって伝承され、王の即位式など儀礼的な場で、音楽性豊かに朗々と語り継がれていた詞章だとみてよい。

語臣猪麻呂の仇討ち

意宇郡安来《やすぎ》郷に住む語臣猪麻呂《かたりのおみいまろ》という人物が、神に祈願して娘を食い殺したワニ(フカ・サメ類をいう)を見つけだして殺すという伝承が出雲国風土記に載せられている。これもまた、伝承としてたいそう興味深い次のような話である。現代語に訳して掲げる。

(安来の郷の)北の海辺に毘売埼《ひめさき》と呼ぶ岬がある。飛鳥浄御原《あすかのきよみはら》の宮で天《あめ》の下をお治めになった天皇の御世、甲戌《きのえいぬ》の年の七月十三日に、語臣猪麻呂《かたりのおみいまろ》の娘が、その埼《みさき》に出かけて遊んでいるうちに、たまたま和爾《わに》に出くわし、喰い殺されて帰らなかった。その時、父の猪麻呂は、殺された娘の亡骸《なきがら》を浜辺に安置し、たいそう憤慨《ふんがい》し、天にむかって叫び大地を踏みしめ踊り、歩き回ってうめき坐って嘆き、昼も夜も苦しみつづけて、安置した場所を去らなかった。そうこうするうちに何日も経過した。

その後に、怒りの気持ちがだんだんと高まった猪麻呂は、箭《や》を研《と》ぎ鋒《ほこ》を磨《みが》いて、都合のよい場所を選んで坐り、すぐさま神を拝み祈って言うことには、「天《あま》つ神千五百万《ちいおよろず》はしら、地《くに》つ祇《かみ》千五百万はしら、並びに当国《このくに》に静まり坐す三百九十九社の神々よ、また、海若《わたつみ》たちよ。大神の和魂《にぎみたま》は静まりて、荒々しい魂はみな残ることなく猪麻呂が祈る所に依りついてくだされ。まことに神霊《みたま》がましますならば、私に娘の仇を殺させたまえ。それが叶うなら、神霊のまことの威力を信じましょう」と。

その時、しばしありて、和爾が百余り、静かに一つの和爾を囲んで、ゆっくりと引き連れ寄り来て、猪麻呂の居るもとに集まり、動こうともせずにじっと囲んでいる。それで、鋒《ほこ》を挙げて中央にいた一匹の和爾を刺し殺した。殺し終わるとともに、百余りの和爾はいなくなってしまった。

殺した和爾の腹を割いてみると、娘の脛《すね》が一本出てきた。そこで、和爾の体を細かく刻んで串に刺し、路《みち》のほとりに立てた。［（この猪麻呂という人は）いま安来の郷に住んでいる語《かたりのおみあたう》臣与の父親である。その事件が起こってから今日まで、ちょうど六十年の時間が経っている。］

はっきりと事件の起こった日付が記されており、「甲戌の年」とは天武三年（六七四）にあたる。このようなかたちで年月日まで詳しく伝える例は、遺された他の風土記には例がない。

呪力をもつ語臣

主人公である語臣猪麻呂は、自分のもつ呪力（神を祀る力）によって、娘を殺したワニに報復した。もちろん、この伝承を考えるためには、古代の伝承世界の固有性を考慮することが必要である。たとえば、話に記された日付は、地名や人名に固有名詞を用いているのと同様、語られている内容を真実のこととして語ろうとする時の、事実譚のスタイルである。だから、その日時に実際に事件が生じたと単純に信じることはできない。

「甲戌の年」は、現実に事件のあった年というのではなく、出雲国風土記が成立した「今」＝巻末記の天平五年（七三三、干支では癸酉年）二月三〇日からちょうど六〇年をさかのぼった時として、伝承における事実性を保証するために選ばれた年と考えなければならない。

娘が毘売埼で「遊んでいるうちに、たまたま和爾に出くわし、喰い殺されて帰らなかった（逍遥《あそ》びて、邂逅《たまさか》に和爾に遇《あ》ひ、賊《そこな》はれて皈《かへ》らざりき）」と語られているが、それは、毘売埼と呼ばれる特別な岬（ヒメ＝乙女が神と交わるところ）で海の神＝ワニを迎え、その神と交わるという神婚をともなう祭祀がこの伝承の基層にあったことを窺わせる。おそらく、語臣一族は、海の神を祀りワニを始祖神として信仰する一族だった。そしてこの伝承は、もともと語臣一族の始祖神話であったものが、語臣のシャーマンとしての呪力を語る話となるために、突発的な事件として語り伝えられることになったのだと思う。

父親の猪麻呂は、娘が喰い殺されたのを知って激しく嘆き哀しみ憤り、それは何日経ってもおさまらず、ついに仇討ちを誓う。そして神の助力により、猪麻呂は娘を殺したワニに復讐し娘の仇を討つことができたのだが、ここに描かれている殺し方はかなり説話的である。それは、猪麻呂が巫者的な呪力をもつ人物として描かれていることとかかわっている。

たとえば、復讐を決意して神に祈る猪麻呂の様子や唱えている祈願詞には、巫者的な性格が濃厚にみとめられる。そして、その祈願のとおりに、神の助力をえて娘を喰ったワニを見つけ出し報復したと語ることで、猪麻呂の巫覡《ふげき》としての力が示される。しかもその祈願詞をみると、他の神々はまとめて数字で示されているのに、「海若《わたつみ》（海の神）」だけがことさらに唱え上げられており、猪麻呂が「海の神」に対する信仰を強くもっていたということを示している。

ここで娘を喰ったワニは、海の神が人の前にあらわれる時の姿であり、喰われた娘は、神話的にいえば海の神と交わり神の子を孕む巫女だった。それは、この一族が海の神を祀る者たちであることから考えて当然のことで、この説話の構造としては、娘を殺したワニ（海神）への仇討ちを、「和爾百余り」（海神）の援助によってなし遂げた話として読める。どちらもワニ＝海の神であるところに、神の二面性があらわれているとともに、海の神に対する人（語臣）の側の幻想の歪みがあらわれているとみることもできる。

殺したワニを割いて串に掛け路傍に立てたという行為も儀礼的な行為であり、基層には、彼らの祀る海の神への祭祀があったことを窺わせる。祭式的にいえば、猪麻呂が殺したワニは彼らの始祖神であり、年毎の祭祀に招かれ、丁重に屠《ほふ》られ、その霊魂はまた海の神の世界に送り返されるといった、語臣一族が年毎に行う海神祭祀があったとみてよい。そしてそこでは、一族の娘と始祖神ワニとの神婚が、一族の起源を語る神話として語られていた。

そうした血縁的・共同体的な紐帯《ちゅうたい》が、内的・外的な要因によって呪縛力を弱め、神と人との関係に歪みが生じたとき、神婚型始祖神話はシャーマンの呪力を語る霊験譚《れいげんたん》へと変貌する。この伝承は、少なくともそうしたレベルで成立した話である。

王に隷属する語り部

語臣猪麻呂という固有名詞は、「安来の郷の人、語臣与《かたりのおみあたふ》が父なり」という注記によっても、その実在性が強調されている。この注記の書きぶりは、語臣与が出雲国風土記の撰録者たちの同時代人であり、彼らにとって周知の人物であるということをことさらに強調しているように読める。ひょっとしたら、意宇郡の撰録を担当した郡司たちのなかに名の見える、主帳の一人「海臣」は、漁撈にかかわるらしい語臣と同族かもしれないと想像してみたりする。

そして、猪麻呂という人物が語臣という氏姓をもっていることからみて、すでにいわれているように、彼らは「語り」を保持する一族だった。いうまでもなく、語りを職掌とする一族は、共同体における祭祀を司る一族でもあったわけで、伝承のなかに祈願詞やシャーマンの霊験が強く出ているのも、そうした語り手の性格とかかわっている。

語臣一族は、海浜に居住し海神祭祀をもつことからみて、漁撈民でもあったはずだが、彼らこそが、王（出雲臣）の前で「国引き詞章」を語り継ぐ語り部集団であっただろう。この伝承の舞台が、意宇郡安来郷であるというのも、出雲臣（淤宇氏）とのつながりの深さを示している。

ちなみに、日付や固有名詞とともに、ワニの腹から出てきた「女子《むすめ》の一脛《かたはぎ》」が、この説話の事実性を保証している。祈願が功を奏して百余りのワニによって連れ出されてきたワニが本当に娘を喰ったワニであることを確認するために、説話の手法として、割いたワニの腹の中から「女子の一脛」が出てくる。つまり、証拠の品である。それが伝承の様式としてあるということは、いろいろなところから確認することができる。たとえば、同一の伝承がマレー半島のシャーマンに伝えられていることは、松村武雄によって紹介されている。

3　出雲神話にみる日本海文化圏

ある誤解

今でもそうなのだが、古代文学や古代史・考古学の専門論文を読んでいると、「記紀の出雲神話」という発言をしばしば目にする。そして、それが不自然ではないと考えている人がほとんどだという現実に、暗澹とした気分にさせられる。かくいうわたし自身も、十数年前まではそうだったのだから致しかたないことではあるのだが。

日本書紀によれば、スサノヲは高天の原を追放されて出雲に降り、ヲロチを退治したのと引き換えにクシナダヒメを手に入れて結婚しオホナムヂを生む。それに続けて「根の国に就《い》でます」と記すとすぐに、第八段正伝（第一巻「神代上」）は閉じられる（そのあとに「一書」は続く）。

そして第二巻「神代下」の冒頭に置かれた第九段正伝では、いわゆる国譲り神話が展開されるのだが、国譲りを迫ろうにも、それに見合うだけの強大な相手が地上に存在したという記述が日本書紀には見当たらない。そのために、高天の原から地上への遠征軍の派遣は、「葦原《あしはら》の中《なか》つ国の邪悪《あしきもの》を撥《はら》ひ平《む》けしめむ」という、未開の荒野への遠征として宣言される。

一方、古事記上巻に収められた神話では、オホクニヌシ（別名オホナムヂ・ヤチホコなど）をはじめ出雲に出自をもつ神々が活躍する神話が、分量的にも内容的にも主要な位置を占めている。大雑把な計算だが、分量だけをみれば古事記上巻のほぼ三分の一に相当し、稲羽のシロウサギ、八十神《やそのかみ》たちとの闘争と葛藤、根《ね》の堅州《かたす》の国におけるスサノヲによる試練と克服、帰還後の国土統一、ヤチホコの神語りへと展開する神話群と、神話のあいだにはさまれるスサノヲ・オホクニヌシ・オホトシを筆頭とする出雲の神々の神統譜とによって構成されている。

ところが、出雲神話と総称されるこれら神話や系譜を、日本書紀はほとんど載せていないのである。そのことを、出雲神話を考えるための大前提として、まずは確認しておきたい。

国家の神話と地方の神話

古事記と日本書紀という二つの歴史書をどのように理解し、出雲という世界をどのように位置づけるかという、日本列島の古代を考える上でもっとも重要な、そしてもっとも興味深い課題が、古事記の出雲神話の前には横たわっている。それなのに、出雲神話が存在しない日本書紀まで「記紀」という併称によって含みこんだのでは、神話を改竄《かいざん》したと批判されてもしかたがない。

そしてもう一点、古事記と日本書紀とを区別しようとしない人は、古事記も日本書紀も国家の神話で、ヤマト王権あるいは律令国家の意志が反映されており、それに対して出雲国風土記の神話は、出雲固有の土着伝承が載せられた貴重な資料であるというふうに捉えようとする。まったく否定するわけではないが、中央と地方という関係をそれほど単純に腑分けして理解してよいかといえば、いろいろと問題が生じることは今までの論述で明らかにしてきた。

出雲国造という存在がいかなる立場にいるかという点だけをとってみても、中央と地方との関係はそれほど単純に分けることなどできない。出雲国風土記には国家的な性格が濃厚にあるし、土着的な要素もふんだんに遺されている。おなじように、古事記の出雲神話には、出雲的な世界が留められており、それを国家ということばで括るのは大きな誤りであり、古代の日本列島について考えようとする場合に大きな損失となる。

一元的な認識の留保

いささかの説明が必要だが、日本書紀の一書(第八段)には、ほんの一部分だけ、古事記と共通する出雲神話が取りあげられている。ただ、そこから言えることは、もともと日本書紀正伝のようなかたちで神話があり、あとから古事記にある出雲神話が追加されたという論理、いわゆる「紀前記後」説は成り立たないということである。あくまでも、高天の原の神々が国譲りを迫る以前に、地上には出雲を中心に繁栄した世界があったことが語られていなければ、国譲りも天孫降臨も、流れとしては不自然なものになってしまう(実態か虚構かは別にして)。そこから考えれば、日本書紀の神話記述は、出雲神話を排除したほうが律令国家の神話を叙述するにはふさわしいという、きわめて政治的な作為がはたらいた結果であると見なせるのである。

では、なぜ古事記は出雲の神々の活躍や系譜を、大きな分量をもって語る必要があったのか。出雲の神々の系譜や神話をすべて排除しても、天皇家の歴史を叙述するのに大きな支障がないということは、日本書紀を読めばわかる（いささか不自然な印象は残るが）。とすれば、律令国家の歴史認識とは隔たったところで、古事記に描かれた出雲神話は求められたのだということになりはしないか。

日本列島を一元的に「ヤマト（倭／大和／日本）」に集約する必要はない。近年の考古学の発掘や諸分野の研究成果を導入して考えれば、日本海域にはヤマトを中心とした文化圏とは別の「日本海文化圏」とでも呼ぶべき領域が存在し、大きな力をもっていたことが明らかになる。

高志之八俣遠呂知

稲羽のシロウサギ神話にしろ、ヤチホコ（八千矛神）によるヌナガハヒメ（沼河比売）求婚にしろ、古事記の出雲神話の舞台の多くは日本海沿岸である。ことに出雲と高志《こし》との関係は、先に引いた出雲国風土記における「国引き詞章」からも明らかなように緊密である。そして日本海沿岸を舞台とした神話は、出雲と高志との関係性の緊密さと呼応するかたちで存在するのである。

古事記では、スサノヲが退治したヲロチは、「高志《こし》之《の》八俣《やまたの》遠呂知《をろち》」と語られる。ヤマタ（八俣）は、その頭と尾が八つずつあるという異形性を、ヲロチ（遠呂知）は、「ヲ（尾）＋ロ（古い格助詞で「〜の」）＋チ（威力ある神霊をあらわす語）」の意で、「尾」に霊力をもつ怪物への恐れをあらわしている。

それに対して「高志」だが、この語は、北陸地方をあらわす地名「コシ」に由来する。日本書紀では「越」とか「越国」と表記される地域名称は、古事記では、高志あるいは高志国と表記され、出雲国風土記でも高志あるいは古志と書きあらわされている。

おそらく、地名としての「高志」が、この怪物をますます恐れおののかせる対象であることを示しており、出雲にとって高志の地は、つねに念頭から離れない異界として存在する。それは、にっくき敵対者であるとともに、ある種のあこがれを秘めた土地として高志が存在するからだと思われる。その「高志」という呼称がヲロチの名の一部として用いられているところに、この神話がヤマトの側で、律令国家の手で作り上げられたのとは違う、神話的な思考が潜んでいるとわたしにはみえる。あくまでも、出雲を視座として高志は存在するのだ。

日本書紀をみると、正伝と一書にヲロチ退治神話はみられるが、「八岐《やまた》の大蛇《をろち》」（第八段正伝、第二の一書）、「彼《そ》の蛇《をろち》」（第三の一書）、「人を呑む大蛇」（第四の一書）とあるばかりで、「コシ」という地域名称はまったく出てこない。なぜなら、律令国家にとっての「コシ」は、他の国々と変わることのない地方に位置する一国としての「越国」(律令では越前・越中・越後の三国に分国されている)でしかないからである。

「コシ」という呼称が恐怖と憧憬を浮かび上がらせるのは、出雲の視点でなければ成り立たない。それゆえに、律令国家の歴史書である日本書紀に載せるヲロチ退治神話では、コシ(高志)という語は消去される。それに対して、古事記のヲロチが「高志」という冠を付けて呼ばれるのは、明らかにこの神話が出雲の側に立って語られているからである。

海でつながれた出雲

先に引いた国引き詞章において、切り取って引いてきた土地は、朝鮮半島の新羅、出雲の北に浮かぶ隠岐島の島前《どうぜん》と島後《どうご》とみなしてよい北門《きたど》のサキとハラ、そして能登半島の先端と考えられる高志の都都《つつ》(石川県珠洲《すず》市のあたり)であり、それらはいずれも、海を介して出雲とつながる世界である。意宇臣(出雲臣)が目を向ける世界は南東のヤマトではなく、北に開かれた海であったと考えることで、出雲がいかなる世界であったかということは理解できるはずだ。

ヤチホコが高志のヌナガハヒメ(沼河比売)を求婚に出かける長大な歌謡「神語り」が古事記

にあるが、ヤチホコがなぜ高志の女神を求婚するのか。それは、この奴奈川《ぬなかわ》（沼河）という土地が硬玉翡翠《ひすい》の産地であり、翡翠の川（奴奈川は「ヌ（石玉）ナ（〜の）ガハ（川）」の意）の女神を手に入れることが重要だったからである。そして、そこからは、海を介してつながる出雲と高志との緊密な関係が浮かび上がる。また、その奴奈川の地を経由して、タケミナカタが州羽《すわ》（諏訪）の地に逃げるという国譲り神話で語られる神話も、日本海を通した出雲、高志、諏訪のつながりを秘めて語られる。

古事記の出雲神話を読むと、出雲という世界の広がりがよく見渡せるのであり、そこに古代の日本列島における人と物との交流が見えてくる。それは、紐でつながれた鵜のように、ヤマトを拠点として街道によって中央と地方とをつないで構築された律令的な国家像からは見いだせないあり方である。そうした古代の真相が、古事記の神話からは見えてくるのであり、それこそが出雲神話の重要性である。

出雲国風土記の高志

そうしたあり方の片鱗が、たとえば、出雲国風土記に遺された国引き詞章における地名（新羅・北門・高志）のなかに見いだせるのは象徴的なことである。それ以外にも、出雲国風土記には高志（古志、越）の記事がいくつか見いだせる。

母理《もり》の郷　（略）天《あめ》の下造らしし大神大穴持命《おほなもちのみこと》、越《こし》の八口《やつくち》を平《ことむ》け賜ひて、還《かへ》り坐《ま》す時に、長《なが》江山《えやま》に来坐《きま》して詔《の》りたまひしく、「我《わ》が造り坐して、命《うしは》く国は、皇御孫《すめみま》命、平世《やすくに》と知らせと依せ奉らむ。ただ、八雲立つ出雲の国は、我が静まり坐す国と、青垣山廻らし賜ひて、珍《うづ》の玉置き賜ひて守《も》らむ」と。かれ、文理《もり》と云ふ。（意宇郡）

拝志《はやし》の郷　（略）天の下造らしし大神命、越の八口《やつくち》を平《ことむ》けむとして幸《いでま》しし時に、ここの樹林《はやし》茂盛《さかり》なり。その時詔りたまひしく、「吾《あ》が御心の波夜志《はやし》」と。かれ、林と云ふ。（意宇郡）

どちらも天の下造らしし大神と称えられるオホナモチ（オホナムヂと同じ）による「越の八口」平定にかかわる地名起源譚である。「八口」については、越の地名だとか、怪物の名前だとか言われているが、いずれにしても、越という世界は、イヅモの側にとっては平定すべき異界として存在する。ただし、ここでは高志（古志）ではなく「越」の文字が用いられており、認識としては律令的、日本書紀的な表記になっている。そしてオホナモチは、越の八口を平定した後に、出雲国以外を皇御孫に譲り渡すと宣言しており(母理郷)、ここにも日本書紀的な認識が埋め込まれていることがわかる。そこに、出雲国造の性格も窺えるということになる。

この母理郷のオホナモチのことばを、出雲の側の主張を籠めた古い伝承として大きく取りあげようとする発言もみられるが、今までの論述を踏まえれば、ヤマトに服属した出雲臣がヤマトの意向に添うかたちで新たに造り上げた神話であり、その論理は「出雲国造神賀詞」と変わらないと見なすべきである。古くて独自の伝承をここから読み取るのは間違っている。

八口が怪物の名であろうと地名であろうと、討伐の対象としてコシがあるという点では同じことである。イヅモの側からみた「越の八口」は、怪物としての恐ろしい存在あるいは土雲的な野蛮な者たち(バルバロイ)の棲む混沌の地であり、それゆえに平定すべき外部となる。

出雲国風土記のヌナガハヒメ

イヅモにとってコシが平定の対象として語られるのは、その地が、彼らの認識のなかで一段下に見下された世界だったからである。そして、こうした平定伝承があらわれるのは、イヅモが王権的な構造をもつからだ。王権は、外部を異界として置くことによって、自分たちの世界＝王権の優位性を保証することができる。そのとき外部は、混沌たる異界として平定しなければならない世界となる。

イヅモが王権的な構造をもつクニ（国）のレベルにあったという可能性は、最近の考古学的な発見によっても確かめられるが、歴史的な事実としてコシへの侵略という事実があったかどうかはここでは考慮していない。それが現実であろうと幻想であろうと、イヅモにとってコシは、平定すべき土地なのである。それは、ヤマトが国家であるために、オホクニヌシ（大国主神）の支配する葦原の中つ国＝出雲を服属させるという神話を語るのと、クニと国家との違いはあるとしても、関係性としては等価であると見なすことができる。

美保の郷　郡家《こほりのみやけ》の正東《まひむがし》廿七里一百六十四歩《あし》なり。天の下造らしし大神命、高志国に坐《いま》す神、意支都久辰為命《おきつくしゐ》の子、俾都久辰為命《へつくしゐ》の子、奴奈宜波比売命《ぬながはひめ》に娶《あ》ひて、産みまし神、御穂須々美命《みほすすみ》、この神坐す。かれ、美保と云ふ。

（嶋根郡）

美保郷の地名起源譚であり、ミホススミの鎮座由来譚でもあるこの伝承に登場するヌナガハヒメは、古事記に語られるヤチホコの「神語り」のなかで、ヤチホコの求婚を受け入れて結婚する「高志国の沼河比売」と同一神と見なしてよい。そのヌナガハヒメが、出雲国風土記ではオホナモチと結婚し、子神ミホススミを生む。しかも、オキツクシヰ－ヘツクシヰ－ヌナガハヒメという三代にわたる系譜を伝えているのである。

出雲国風土記の伝承では、ヤチホコとオホナモチとを同一神とする痕跡を見いだすことはできないが、ヌナガハヒメが、出雲国風土記ではオホナモチと、古事記ではヤチホコと結婚するという伝承を伝えているところからみれば、ヤチホコとオホナモチ(オホナムヂ)は出雲においても同一神として考えられていた可能性は大きい。とすれば出雲国風土記に載せられていないから、古事記の「神語り」はヤマトの伝承だというふうには言えないはずである。

そのヌナガハヒメの名前は、「ヌ(瓊＝石玉)＋ナ(〜の)＋ガハ(川)」の女神の意で、古代においてはほとんど唯一の硬玉翡翠原石の産出する新潟県糸魚《いとい》川《がわ》市を流れ、現在は姫川と呼ばれる奴奈川をその名に負っている。その川で産出する翡翠原石の加工の歴史は古く、縄文時代後期〜晩期には生産地の周辺で加工されていたものが、弥生時代になると鳥取・島根など日本海の西側に玉造り遺跡が見られるようになり、五世紀中葉から六世紀前半になると、北陸・日本海側の遺跡が衰退するとともに、奈良県橿原《かしはら》市の曽我遺跡における玉造りが盛行するという変遷過程をたどることが明らかにされている。ヌナガハヒメを介したコシとイヅモとの関係には、硬玉翡翠(古代中国で珍重される「玉《ぎょく》」は軟玉翡翠でまったく別の石)の生産と加工が少なからず影響しているらしい。

美保の神と須須の神

一方、二神のあいだに生まれたミホススミは、美保郷の伝承からみても、島根半島の東端に位置する美保神社の祭神だったと考えてよい。美保神社の現在の祭神は事代主神《ことしろぬし》だが、そうなったのは江戸時代以降のことらしい。また、門脇禎二は、美保神社の祭神ミホススミは、能登の珠洲（須須）神社の祭神でもあったと指摘している。だとすれば、ミホススミという神は能登から美保に至る、つまりコシからイヅモにわたる広い信仰圏をもつ神だったということになる。広いというより、日本海を介して眺めれば、珠洲と美保とは向かい合った場所にあり、それはまさに国引き詞章における四回目の国引きで結ばれる土地だということも含めて、深くつながり合っていたらしい。

イヅモとコシとの関係は、越の八口平定伝承が語るような対立的な関係のなかにあるだけではないということが読みとれる。おそらく、日本海を通路とした文化圏や信仰圏・経済圏の問題として考えなければならないのである。

古志の国人

出雲西部の神門郡に、イヅモとコシとの交流を示す次のような記事がある。

古志《こし》の郷　すなはち郡家《こほりのみやけ》に属《つ》く。伊弉弥《いざなみ》命の時に、日淵《ひぶち》川を以て池を築造《つく》りき。その時、古志の国人等、到り来て堤を為《つく》り、すなはち、宿居《やどりゐ》せる所なり。かれ、古志と云ふ。（神門郡）

狭結《さゆふ》の駅《うまや》　郡家と同じき処なり。古志の国の佐与布《さよふ》と云ふ人、来《きた》り居《す》みき。かれ、最邑《さいふ》と云ふ。［その来り居みし所以《ゆゑ》は、説くこと古志の郷のごとし］（神門郡）

ここに出てくる古志も、先の越や高志と同じく北陸のコシとみてよいが、ここからは、イヅモにとってのコシが「すばらしい異界」でもあったということがわかる。わたしたちはコシの側の資料をもっていないが、この伝えからは、コシの人びとがイヅモに優越した土木技術をもっていたことを窺い知ることができる。つまり、イヅモが一方的にコシに優越するという歴史をもっていたわけではない。

古代の堤造りの技術は渡来系の技術者によって担われており（日本書紀、応神七年条）、この伝承も渡来系の築堤技術を示すもので、古志国と韓人《からひと》（高麗〔高句麗〕・百済・任那・新羅）は歴史的にも接触の機会が多く、「古志のなかに韓人の作池技術が根を下ろしていたとしても不思議ではない」と藤田富士夫は指摘する。

あるいは技術者ではなく、池を作るための労働者として古志から連れて来られた人だと考えることもできるかもしれないが、「古志の国の佐与布」という固有名詞を伝えているところからみて、たんなる労働者とは考えにくい。おそらく、イヅモの側にはない高い技術が佐与布によってもたらされたとみたほうがいいのではないか。地形的にみても、神門郡は、肥の河（斐伊川）や神門川（神戸川）が流入する神門の水海《みずうみ》が大きな面積を占め、湿地帯も多かったはずだから、灌漑や築堤など治水技術への欲求は切実なものであったと考えられる。

また、森浩一は、有力な氏もしくは地域集団が、「二つの土地を結ぶ交通や交易の拠点としての居留地をもっていたことは、古代社会には意外に多い」から、「古志郷とは越の国人たちの交易や情報収集の出先地でもあった」のではないかと推測する。そして、六世紀以降に急速に勢力を拡大する神門臣の拠点が神門の水海の東岸にあり、政治と交通の中心である神門郡の郡家に置かれた狭結駅は、陸上交通と海上交通との接点であったとも述べている。六世紀という限定が有効かどうかは考慮すべきだが、意宇（淤宇）臣（出雲臣）の力に屈したかもしれない出雲西部の神門臣が、西の筑紫だけではなく東の古志との関係も有していたとみられるのは、日本海文化圏におけるイヅモとコシとの関係を考察する上で注目すべき点であろう。

日本海文化圏と出雲の神々

タケミナカタの州羽《すわ》（諏訪）への追放という古事記の神話は、わたしたちが遠い昔に忘れてしまった日本海文化圏の記憶を残留させる貴重な神話である。天皇家を中心としたヤマトの勢力が日本列島を制圧する以前、出雲と州羽、あるいは出雲と高志とのあいだには、日本海を通路とした文化の交流や物資の流通がさかんに行われていた。それをここでは日本海文化圏と呼ぶ。すでに述べたことと重複する点もあるが、藤田富士夫『古代の日本海文化』などの先行研究を参照しながら整理しておこう。

日本海側の諸地域には、ヤマトを中心とした瀬戸内や太平洋側の文化圏とは異なる文化的な特徴がさまざまに存在する。その一つは、四方の隅が飛び出した四角い墳墓、四隅突出《よすみとっしゅつ》型墳丘墓が分布することである。この形式は出雲地方や富山湾周辺域を中心に分布しており、西の出雲から日本海沿岸を東に伝わったと考えられている。

二つめは、柄頭《つかがしら》の部分に特徴のある素環頭《そかんとう》鉄刀と呼ばれる刀剣が数多く認められる。また三つめとして、巨木を建てるという文化的な特徴もある。能登半島の真脇《まわき》遺跡、石川県金沢市のチカモリ遺跡、新潟県糸魚川市の寺地《てらじ》遺跡など縄文時代後期の遺跡が代表的な事例で、その流れを受けたものが、金輪《かなわ》による三本柱（三本の巨木を鉄の輪で一本に束ねた柱）で有名になった出雲大社の巨大神殿に影響を与えているのではないかという指摘もなされている。

現在の出雲大社の神殿は、千木《ちぎ》までの高さが二四メートル（八丈）だが、中世以前には倍の四八メートル（一六丈）だったと古文書には記されている。それを裏付けるのが二〇〇〇年に出雲大社の拝殿下から発掘された三本柱だ。一方、諏訪大社をみると、神社の四隅に「御柱《おんばしら》」と呼ばれる巨大なモミの木が建てられているのが特徴で、この御柱は今も七年ごと（寅と申の年）に建て替えられているのはよく知られている。こうした巨木を建てる文化が、縄文時代に行われていた日本海沿岸の巨木文化とつながるとみるのは比較的自然なことと考えられる。

その証拠になるだろうか、鳥取県米子《よなご》市の稲吉角田《いなよしすみた》遺跡（弥生時代中期）から発掘された大きな壺に描かれた線描画のなかに、舟を漕ぐ人びとや木に下げられた銅鐸らしい品などとともに高層神殿と思われる絵が存在する。それが直接、出雲大社につながるかどうかは別として、日本海文化圏の特徴として巨木を用いた高層建造物が存在する。

そのほか、硬玉翡翠をめぐる文化を含め、海人《あま》（海洋民）系の文化要素など、九州北部から北海道へと連なる日本海文化圏の特徴はさまざまに見いだせる。たとえば、海人系文化でいうと、福岡市の志賀島を本拠としワタツミ（海神）を祀る安曇《あずみ》という一族は、日本海を東に向かい、姫川沿いに遡上して信州の安曇野《あずみの》に定住する。その時代がいつだったかを確定することはできないが、日本海を通した人間の移動と文化交流が古くから存したのは明らかだ。

また、朝鮮半島をはじめ大陸とのつながりも日本海を介してしか成り立たたず、その拠点は北九州だけに限定されるものではない。弥生時代の鉄の流入を考えてみても、日本海沿岸の各地に大陸の玄関口はあったはずである。邪馬台国《やまとこく》へのルートとして有名になった北九州だけが、唯一公認された湊だったなどと考えるべきではない。

4　カムムスヒ――出雲国風土記と古事記とをつなぐ

出雲国風土記の伝承と古事記の出雲神話とは共通性がない、とする見解が一般的に通用している。しかしほんとうにそう言えるのか、出雲国風土記には、日本書紀に見いだせる律令的な論理がみられる一方で、古事記に語られる古層の出雲神話の痕跡ともいえる伝承を抱え込んでいるのではないか。ここでは、カムムスヒという神を取りあげながら、出雲国風土記と古事記とのつながりについて考えてみたい。

カムムスヒという神は、古事記では神産巣日神(命)、日本書紀にはほとんど登場しないが神皇産霊尊、そして出雲国風土記には神魂命という表記であらわれる。

古事記神話冒頭のカムムスヒ

カムムスヒは、まず古事記神話の冒頭に登場する。

天地《あめつち》初めて発《ひら》けし時、高天の原に成れる神の名は、天之御中主《あめのみなかぬし》神。次に高御産巣日《たかみむすひ》神。次に神産巣日《かむむすひ》神。この三柱の神は、並《とも》に独り神と成り坐して、身を隠しましき。(上巻)

高天の原にはじめにあらわれたと語られる三柱のうち、古事記の他の場面にまったく出てこないアメノミナカヌシは、その名からもわかるように抽象的な神格で実体をもたない神である。それに対してタカミムスヒとカムムスヒ(カミムスヒとも)は、両方に共通する「ムスヒ」の語からみて、古い神格をもつ神とみなせよう。

ムスヒの語構成は「ムス(生す)+ヒ(霊力をあらわす接辞)」で、生成する力を具現化した神であり、タカミ〜、カム〜というほめことば（称辞）によって対のかたちで並置されている。ところが、右に引いた冒頭部分を除くと、タカミムスヒとカムムスヒはまったく別個に、おそらく一八〇度背を向けあった異質な神として登場する。

簡略に指摘しておけば、タカミムスヒは、国譲り神話と天孫降臨神話において（途中で「高木《たかぎ》神」と名を変えるが）、高天の原の最高神アマテラス（天照大御神）の参謀として、高天の原からさまざまな指令を発する。そこにみられるのは、ムスヒという神名がもつ生成力や生産力ではなく、政治的な性格である。そして、こうした性格は日本書紀ではより強固に発現する。

古事記のカムムスヒ

それに対して、古事記に語られるカムムスヒは、出雲系の神々（スサノヲやオホナムヂ）を援助し、出雲の神々の祖神のような役割を果たす母神として語られる。

冒頭の事例を除いて最初に出てくるのは、スサノヲが高天の原から追放されて地上に降りる場面、オホゲツヒメという食べ物の女神の殺害による五穀の起源を語る神話である。

速須佐之男命《はやすさのをのみこと》、その態《わざ》を立ち伺ひ、穢汚《けが》して奉進《たてまつ》るとして、すなはちその大宜津比売神《おほげつひめのかみ》を殺しき。かれ、殺さえし神の身に生《な》れる物は、頭に蚕《こ》生り、二つの目に稲種《いなだね》生り、二つの耳に粟《あは》生り、鼻に小豆《あづき》生り、陰《ほと》に麦生り、尻に大豆《まめ》生りき。かれ、ここに神産巣日御祖命《かむむすひのみおや》、これを取らしめて、種と成しき。（上巻）

大地母神ともいえるオホゲツヒメが殺され、その死体から五穀の種が生まれるのだが、成り出た種は、そのままでは栽培に適した種にはならない。スサノヲによる神殺しによって成り出た、汚された種だからである。それでどうしたか。

原文を引くと、「故、是、神産巣日御祖命、令取茲、成種」とある。「令取茲」の解釈が問題になるが、取らしめ(令)たのは、前後の状況から考えて「神産巣日御祖命」以外には存在しない。命じられた相手はもちろんスサノヲである。そして当然、スサノヲが持ち来た「稲の元」を「種」に成したのもカムムスヒである。つまり、カムムスヒは、スサノヲが殺したオホゲツヒメの体から成り出た「種の元」を見て、それをスサノヲに取らせて持ってこさせ、まことの「種」とした上で、あらためてスサノヲに託して地上に下したと解釈できる。

カムムスヒが、地上世界に生産をもたらす「ムスヒ」の神格をもつ神であることがよくわかる神話である。そして、「御祖」とあることからわかるとおり、母神的な存在であった。

貝の女神キサカヒヒメとウムカヒヒメ

次にカムムスヒが出てくるのは、八十神《やそのかみ》たちが、赤く焼いた大石を抱き取らせてオホナムヂを殺そうとする場面である。

（オホナムヂは）すなはちその石に焼き著《つ》かえて死にましき。ここにその御祖《みおや》の命、哭《な》き患《うれ》へて、天《あめ》に参上《まゐのぼ》り、神産巣日之命《かむむすひのみこと》に請《こは》しし時、すなはち𧏛貝比売《きさかひ》と蛤貝比売《うむかひ》とを遣はして、作り活かしめき。しかして、𧏛貝比売きさげ集めて、蛤貝比売待ち承《う》けて、母の乳汁《ちしる》を塗りしかば、麗しき壮夫《をとこ》に成りて、出で遊行《あそ》びき。（上巻）

ここにはふたりの母神が登場する。オホナムヂの母神（本文にある「御祖の命」）と、出雲の神々にとっての母神である祖神カムムスヒとの二神である。そこに貝の女神ふたりが加わってなされる再生は、母の呪力を最大限に発揮した医療行為である。古事記の神統譜によれば、オホナムヂの母はサシクニワカヒメというが、そうした固有名詞をもつ母神は、祖神としての母神カムムスヒに包摂されてしまう。それはまたキサカヒヒメとウムカヒヒメとも重ねられる。

つまり、ここで作られる「母の乳汁《ちしる》」という火傷の治療薬は、ふたりの貝の女神が作った塗り薬であるとともに、母が出す「乳《ち》」そのものでもあるはずだし、それはまたカムムスヒの生成力あるいは生命力を象徴する「乳汁」だということもできる。そうした根源的な母性を抱え込んで、この神話は語られる。それをもたらすのが、出雲世界のムスヒの力であって、タカミムスヒに象徴化された高天の原（ヤマト）の側の観念には見いだせない力だと言わなければならない。

スクナビコナの母神カムムスヒ

オホナムヂ（オホクニヌシ）の冒険を語る出雲神話には、もう一つ、次のかたちでカムムスヒが登場する。海の彼方から寄り着いた小さ子神の素姓を明かす場面である。

すなはち久延毘古《くえびこ》を召して問はす時に、「こは神産巣日《かむむすひ》神の御子《みこ》、少名毘古那《すくなびこな》神ぞ」とまをす。かれ、しかして神産巣日御祖命《かむむすひのみおやのみこと》に白《まを》し上げませば、答へて告《の》らさく、「こはまことに我が子なり。子の中に、我が手俣《たなまた》より久岐斯《くきし》子なり。かれ、汝葦原色許男《いましあしはらのしこを》命と兄弟《あにおと》となりて、その国を作り堅めよ」と。

（上巻）

出雲の神々は、カムムスヒのことを、かならず「御祖／みおや」と呼ぶ。古事記では、「御祖」の用例が母をさすのはよく知られているが、その象徴的存在がカムムスヒだといえよう。その点で、「御祖の命」という呼称は、オホナムヂの母神も含めて出雲的な性格を濃厚にもつということができる。それゆえに出雲神話は、母系的な印象が強く感じられる。

最後に登場するカムムスヒは、国譲り神話においてオホクニヌシが服属を誓うことばのなかにあらわれる。高天の原から降りてきたタケミカヅチに葦原の中つ国を平定され降伏したオホクニヌシは、出雲の多芸志《たぎし》の小浜に、タケミカヅチを饗応する殿舎を建て、料理人を準備し、ごちそうを備え、次のように服属を誓う。

この、わが燧《き》れる火は、高天の原においては、カムムスヒの御祖《みおや》の命《みこと》が、ひときわ高くそびえて日に輝く新しい大殿《おおとの》の竈《かまど》の煤《すす》が、長く長く垂れるほどに焚き上げられるがごとく、いつまでもいつまでも変わらず火を焚き続け、地《つち》の下は、土の底の磐根《いわね》までも焚き固めるほどに、いつまでもいつまでも変わらず火を焚き続け、その火をもちて贄《にえ》を作り、強い縄の、千尋《ちひろ》もの長い縄を長く遠く延ばし流して、海人《あま》が釣り上げた、口の大きな、尾も鰭《ひれ》もうるわしい鱸《すずき》を、ざわざわと海の底から引き寄せ上げて、運び来る竹の竿《さお》もたわみ撓《しな》うほどの大きな鱸を、おいしいお召し上がり物として奉ります。（上巻）

いつまでも変わらず服属するさまを、祖神であるカムムスヒの殿舎に長く垂れる煤として表現する。そして、この場面以降に、カムムスヒが登場することはない。国譲りとともにカムムスヒは表舞台から姿を隠す。

カムムスヒの性格

単独で登場する場合、いずれの神話でも古事記のカムムスヒは出雲の神々とともに姿を見せる。当然、日本書紀では出る幕がない。出雲神話そのものが存在しないからである。

古事記にみられるカムムスヒは、いずれもが出雲神話と出雲の神々にかかわっているのは明らかであり、古事記の出雲神話に固有の存在である。それは、タカミムスヒのあらわれかたとはまったく逆のかたちになっているわけで、二柱のムスヒの神は、一方が天皇家の神として存在し、一方が出雲にゆかりのある神として存在するのはまぎれもない事実である。これは、両神がもともと別個の神格として存在したことを示しており、冒頭の造化三神のところだけで融合させられているという推測を可能にする。

　天つ神と国つ神との対立構造を明確にもつ古事記神話では、それぞれの祖神という性格をはじめに明示した上で、高天の原神話と出雲神話とを語ろうとした。そして、そうした枠組みを可能にしたのは、出雲の神々の母神的な存在としてカムムスヒが語られていたからであり、ひょっとしたら、タカミムスヒという天皇家の側の神は、カムムスヒの対偶神としてあとから整えられたのではないかという疑念さえ生じさせる。

　元来、両神はまったく別の神格だったということは、日本書紀にカムムスヒがほとんど存在しないという点からも明らかである。また、ムスヒという名をもちながら、タカミムスヒはムスヒ(生成力／生命力)らしい活躍をする場面がないのも、神の素性としては疑わしい。しかもどうやら、タカミムスヒの元の名は高木神《たかぎ》であったらしい。

出雲国風土記のカムムスヒ

　古事記のカムムスヒと重ねられる神は、出雲国風土記にあらわれるカムムスヒと子神たちである。出雲国風土記にはカムムスヒ自身は一度しか出てこないが、カムムスヒの御子とされる神々が、島根半島を取り囲むようにしてさまざまに語られる。まずはその用例を列挙する。

①加賀《かか》の郷　（略）佐田《さだ》の大神、生《あ》れましし なり。御《み》祖神魂命《おやかむむすひのみこと》の御子《みこ》、支佐加比売《きさかひめ》命、「闇《くら》き岩屋なるかも」と詔《の》りたまひて、金弓《かなゆみ》もて射給ふ時に、光かかやきぬ。かれ、加加《かか》と云ふ。　（嶋根郡）

②生馬《いくま》の郷　（略）神魂《かむむすひ》命の御子、八尋鉾長依日子《やひろほこながよりひこ》命、詔りたまひしく、「吾《あ》が御子、平明《やすら》けくして憤《いく》まず」と。かれ、生馬と云ふ。　（嶋根郡）

③法吉《ほほき》の郷　（略）神魂命の御子、宇武加比売《うむかひめ》命、法吉鳥《ほほきどり》と化《な》りて飛び度《わた》り、ここに静まり坐《ま》しき。かれ、法吉と云ふ。　（嶋根郡）

④加賀の神埼《かむざき》　すなはち窟《いはや》あり。（略）謂《い》はゆる佐太《さだ》の大神の産生《あ》れませる処なり。産生れまさむ時に臨みて、弓箭《ゆみや》亡《う》せましき。その時、御《み》祖神魂《おやかむむすひ》命の御子、枳佐加比売《きさかひめ》命、願《ね》ぎたまひしく、「吾《あ》が御子、麻須羅神《ますらがみ》の御子にまさば、亡せし弓箭出で来《こ》」と。その時、角《つの》の弓箭、水の随《まにま》に流れ出《い》づ。その時、弓を取らして、詔《の》りたまはく、「こは非《あ》しき弓箭なり」と詔《の》りたまひて、擲《な》げ廃《う》て給ひき。また、金《かね》の弓箭流れ出で来《く》。すなはち待ち取らして、「闇鬱《くら》き窟《いはや》なるかも」と詔りたまひて射通しましき。すなはち、御祖支佐加比売《きさかひめ》命の社、ここに坐《いま》す。今の人、この窟の辺《ほとり》を行く時は、かならず声磅礚《とどろ》かして行く。もし、密《ひそ》

かに行かば、神現れて、飄風《つむじ》起こり、行く船はかならず覆《くつが》へる。（嶋根郡）

⑤　楯縫《たてぬひ》と号《なづ》くる所以《ゆゑ》は、神魂命《かむむすひ》、詔りたまひしく、「五十足《いた》る天の日栖《ひすみ》の宮の縦横《たてよこ》の御量《みはかり》、千尋《ちひろ》の栲縄《たくなは》持ちて、百八十《ももやそ》結びに結び下げて、この天の御量持ちて、天の下造らしし大神の宮造り奉れ」と詔りたまひて、御子天の御鳥《みとり》命を楯部《たてべ》として天下《あまくだ》し給ひき。その時、退《まか》り下り来まして、大神の宮の御装束《みよそほひ》の楯を造り始め給ひし所、これなり。よりて、今に至るまで、楯・桙《ほこ》を造りて、皇神等《すめがみたち》に奉る。かれ、楯縫と云ふ。（楯縫郡）

⑥　漆治《しつち》の郷（略）神魂《かむむすひ》命の御子、天津《あまつ》枳《き》比《ひ》佐《さ》可《か》美《み》高日子《たかひこ》命の御名を、また薦枕《こもまくら》志《し》都《つ》治《ち》値《ち》と云ふ。この神、郷の中に坐《いま》す。かれ、志《し》丑《つ》治《ち》と云ふ。（出雲郡）

⑦　宇賀《うか》の郷（略）天の下造らしし大神の命、神魂《かむむすひ》命の御子、綾門《あやと》日女《ひめ》命を誂《つまど》ひましき。その時、女神、肯《うべな》はずて逃げ隠りましし時に、大神、伺《うかが》ひ求《ま》ぎ給ひし所、これすなはちこの郷なり。かれ、宇加《うか》と云ふ。（出雲郡）

⑧　朝山《あさやま》の郷（略）神魂《かむむすひ》命の御子、真《ま》玉着玉《たまつくたま》邑日女《のむらひめ》命坐《いま》しき。その時、天の下造らしし大神大穴持《おほなもち》命、娶《あ》ひ給ひて、朝毎《あさごと》に通ひましき。かれ、朝山と云ふ。（神門郡）

カムムスヒの御子神

出雲国風土記では、すべて「神魂命」と書いて「カムムスヒのみこと」と訓《よ》む。右の八例のうち、⑤にはカムムスヒ自身のことばが出てくるが、地上に鎮座するのはすべて御子神である。また、ほとんどが地名起源譚として語られている。カムムスヒの御子神が鎮座している、それが地名の謂われになるのである。

鎮座する神がその土地を守護する神となり、それぞれの土地神は、勢いのある神の子神として系譜化されてゆく。その場合に、カムムスヒという神は、古事記と同様「御祖」つまり母神として認識されている(①④など)。また興味深いことは、カムムスヒの御子とされる、キサカヒメ(①と④)、ウムカヒメ(③)、アヤトヒメ(⑦)、マタマツクタマノムラヒメ(⑧)はいずれも女神であり、「母―女《むすめ》」という関係をとって語られることである。

一方、男神は、ヤヒロホコナガヨリヒコ(②)とアマツキヒサカミタカヒコ(⑥)の二神にすぎない(⑤のアメノミトリの性別は確定できない)。どうやら、カムムスヒの系統は、母系によって受け継がれるのが一般的であったらしい。

以前わたしは、古事記の欠史八代にみられる県主《あがたぬし》をはじめとした豪族たちの系譜のなかに、母系的な性格が濃厚に残存していることを指摘したことがある。これは、倉塚曄子《あきこ》が、カムムスヒの後裔氏族のなかの紀直《きのあたい》や賀茂県主《かものあがたぬし》などに、母系的な系譜や「土着の女首長の存在」を嗅ぎとっていたことにつながってゆく。

出雲国風土記のなかでカムムスヒの名前が出てくるのは、出雲国のうちの、嶋根郡・楯縫郡・出雲郡・神門郡の四郡であり、これは、島根半島をすっぽりと覆う範囲である。そして、その中心には、加賀《かか》の潜戸《くけど》で生まれ、佐太《さだ》神社（松江市鹿島町）の祭神として祀られるサダ（佐田・佐太）大神の誕生神話が語られている。

海のかなた

カムムスヒという神は、出雲に鎮座する神々の「御祖」であり、出雲の地にはいない神である。そして、出雲世界の外にいますカムムスヒは、御子神を出雲の地に送り込むのだが、ではカムムスヒはどこにいます神か、よくわからない。

古事記では高天の原にいますということになっているが、これはおそらく本来的な居場所ではない。なぜなら、キサカヒヒメやウムカヒヒメという貝の女神が母神カムムスヒとともに天空にいるというのはきわめて不自然だからである。また、常世の国に帰っていったというスクナビコナの御祖がカムムスヒであるということを考えれば、カムムスヒの本源は、海のかなたであったと考えざるをえない。あるいは、古事記でスサノヲがいますと語られる根《ね》の堅州《かたす》の国のような水平的な世界、オキナワにおけるニライ・カナイのような海のかなたの根源の世界、そこがカムムスヒのいますところだったのではないかとわたしは考えている。

このことは、「出雲国造神賀詞」のなかに、「高天《たかま》の神王高御魂命《かむみおやたかみむすひ》の、皇御孫《すめみま》命に天の下大八《おほや》島国《しまぐに》を事避《ことよ》さしまつりし時に」とあって、出雲国造の伝える詞章にタカミムスヒというアマテラスの参謀神が語られていることとかかわるのではないかと思う。タカミムスヒが出雲国造の側の神話に登場することと、海のかなたを原郷とした出雲のカムムスヒを高天の原に引き上げてしまったこととは、同レベルの変容だったのではないかと読めるからである。

カムムスヒの母系的性格

①と④とに描かれる加賀の潜戸の伝承は興味深い。母神カムムスヒの女《むすめ》キサカヒメは、母系的な系譜をもち、そのキサカヒメは男神の子を宿す。しかし、孕ませた男の素姓はわかっていない。だから、「わが子が麻須羅神の御子であるならば、失くした弓箭よ出てこい」と神に祈願する。麻須羅神のマスラは「ますらを（益荒男）」の意で、立派な男神とでも解釈しておけばいいだろう。ただし、固有の神をさす神名ではない。

キサカヒメにとって、自分が腹に宿した子の父である男神の系譜や素姓は、とくに問題になっていない。立派な男でありさえすればいいというのは、まさに母系的な系譜を志向しているからだ。そしてそれは、佐太大神の誕生によって証明された。生まれた佐太大神が男神だとすれば母系継承されているとはいえないが、少なくとも、カムムスヒとキサカヒメは母系でつながれている。

カムムスヒの子キサカヒメは、古事記のオホナムヂ神話に出てきたキサカヒヒメと同一神、もう一方のウムカヒヒメも、出雲国風土記にはカムムスヒの子ウムカヒメとして登場する（③）。ハマグリの女神がウグイス（法吉鳥）になって飛んでくるという語りの背後に、ウグイスとハマグリとのいかなるつながりがあるのかないのか。それはわからないが、ここに語られるのも母と女《むすめ》とのつながりである。そして、古事記ではカムムスヒと二人の貝の女神との関係は何も語られていないが、出雲国風土記を参照すれば母娘関係にあるということがわかるのである。おそらく古事記でも両者は母と女として伝えられていたに違いない。

出雲国風土記と古事記の出雲神話

古事記の出雲神話と、出雲国風土記に語られる神話との関係を考えると、出雲国風土記では古事記の出雲神話をなぜ語らないのかという点がまっ先に問題になる。たとえばヲロチ退治神話がないから、根の堅州の国訪問神話がないから、古事記の出雲神話は土着の神話ではなく、古事記はヤマトの、天皇家の、国家の神話であるというような短絡的な発言も多いが、容易にそうした結論を出すべきではない。

ヤマトに服属し、アマテラスの子孫とする系譜をもつ出雲国造の手になると考えれば、出雲国風土記のほうこそ国家的な性格をもつともいえるのである。それゆえに、日本書紀と同様、出雲国風土記には出雲の神の繁栄と服属を語る神話は存在しないのだとみることもできる。それに対して、出雲的な日本海文化圏を背景として語られる古事記の出雲神話こそが、出雲の土着的な性格を温存しているとみる観点があっていいのではないかと、わたしは考える。

いくつもの層があり、それらが重なり離れながら、古事記の出雲神話や出雲国風土記の神話やその他もろもろの神話は存在すると考えればいい。そして、もつれた糸を解きほぐすのはそれほど簡単なことではない。ただ、カムムスヒについていえば、古事記に出てくるカムムスヒと出雲国風土記に語られるカムムスヒとのあいだには、緊密なつながりがあるとみて誤らない。出雲国風土記では、カムムスヒを神魂命と表記する。神魂がまっすぐカムムスヒになるかどうかは後考を待ちたいと思うが、カムムスヒがカムス(あるいはカモス)へと音が訛《なま》ってゆくのは考えやすい。そうすると、今、松江市大庭《おおば》の地に祀られている神魂《かもす》神社が思い出される。平凡社版『島根県の地名』によれば、「祭神は伊奘冉尊《いざなみのみこと》」とされているが、これはそれほど古い伝えだとは思えない。しかし、女神であるイザナミが祭神だというのは留意しておきたいし、「社伝によるとこの地は出雲国造の遠祖天穂日命《あめのほひ》の降臨の地」と伝えられているというのはきわめて示唆的である。

出雲臣の祖神は

神魂《かもす》神社は『延喜式』神名帳にも名がなく、新しいとか由緒不明とかいわれるが、アメノホヒとは別の、出雲(意宇《おう》)氏一族が元来奉祭していた祖神を祀っていたゆえに隠されてしまったのではないかと、大胆に推測してみる。そして、この大社造り最古の神殿の板壁画に、佐太神社と加賀の潜戸が描かれているという事実を重ねてみると、たいそう好奇心をそそられる神が浮かびあがる。わたしは、神魂神社の本来の祭神はカムムスヒだったのではないかと見当をつけているのである。

一方、アメノホヒは、出雲国造の立場の複雑さを象徴する祖神である。また、出雲国造が、出雲郡に建つ杵築《きづき》大社(出雲大社のこと)に祀られている神オホナムヂ(オホクニヌシ)の祭祀者になったいきさつは奈辺にあったのか。そこには、出雲臣（意宇臣）のヤマトへの服属という問題が隠されているに違いない。

国譲り神話において語られるオホクニヌシのことばを受けて、ヤマトの側は、オホクニヌシを祀る者を選ぶ必要があった。出雲臣は、おそらくもとからオホクニヌシを祀る者ではなかっただろう。元の祭祀者に替わって出雲の大神を祀る者がヤマトの側には必要だったのであり、そこに求められたのがヤマトに服属した出雲臣（淤《お》宇《う》氏）だったのではないか。そうする以外に、滅ぼした相手を鎮める方法はなかったからである。

そうしたなかで、カムムスヒという海のかなたにいます祖神は、出雲とのつながりを切られて高天の原へと引き上げられ、ついにはその存在さえも消されてしまった。そして、引き離されながらも出雲の神々を見守り続けるのが古事記のカムムスヒであり、島根半島の各地に母系の痕跡として子神を残しているのが出雲国風土記のカムムスヒであった。

それに対して日本書紀は、カムムスヒを消し去るとともに、出雲そのものの影をすべて消し去ろうとしたのである。この列島においてヤマトが唯一の国家となるために。

第五章　語り継がれる伝承

――播磨国風土記と豊後国・肥前国風土記

1　笑われる神と天皇——播磨国風土記

日常的なハナシの世界

出雲国風土記のような例外もあるが、風土記は朝廷からの命令を受けて、国司層と郡司層によって編まれた。しかし、中央政府が期待していたような記録が収集できたかといえば、それはわからない。遺された五か国をみただけでもさまざまな性格をもち、提出された期日もまちまちだった。そのなかで播磨国風土記は、常陸国風土記とともにもっとも早い時期に撰録されたと見なしてよい。

内容をみると、土地の肥沃状態の記述と、山川原野の名号の由来（地名起源譚）の収集に情熱を燃やしている。また、ヤマトから近く、山陽道（瀬戸内海沿岸）の拠点に位置する播磨国は、ヤマト王権との関係も古いと考えられるわけで、天皇にかかわる記事、求婚や巡行にまつわる伝承が多い。しかし、伝承の内部に立ち入ってみると、民間伝承らしい話に満ちていてなかなか楽しい。

日常的なハナシの世界がもつ猥雑さや活気といったものを考えようとするなら、現存風土記のなかでは播磨国風土記がいちばん好適な材料にめぐまれている。そこにはタキシードを着こんだ紳士やきれいに化粧をした淑女は見いだせないが、普段着のままの古代の人びとが息づいているようにみえる。

息子に手を焼くオホナムヂ（大汝）

播磨国風土記には、人びとばかりか神もまた普段着で登場する。

昔、大汝命《おほなむぢのみこと》の子、火明《ほあかり》命、心も行《わざ》もいと強《こは》し。ここを以ちて、父の神患《うれ》へて、遁《に》げ棄てむと欲《おもほ》しき。すなはち、因達《いだて》の神山に到り、その子を遣《や》りて水を汲ましめ、未だ還らぬ以前《さき》に、すなはち発船《ふなだち》して遁げ去りき。ここに、火明命、水を汲み還り来て、船の発《た》ち去《ゆ》くを見る、すなはち大《いた》く瞋《いか》り怨《うら》む。よりて波風を起こし、その船に追ひ迫《せ》む。ここに、父の神の船、進み行くこと能《あた》はずして、つひに打ち破らえき。（略）（餝磨《しかま》郡）

不良息子に手を焼いたオホナムヂが、船に息子を乗せて因達《いだて》の神山に水を汲みに行き、息子を置き去りにしたまではよかったが、息子に見つかって怒りを買い反対にひどい目に遭ったという話で、今でもありそうな親子関係が語られている。わが子を置き去りにするというパターンは継子いじめ譚などにしばしば語られるもので、話型の伝承性を考える上でも興味深い話だが、何よりも楽しいのは、不良息子に手を焼く父親オホナムヂの滑稽さである。

引用は省略したが、この伝承の末尾は、船を壊されほうほうの体で家に帰りついたオホナムヂが、妻のノツヒメに向かって、「悪《あ》しき子を遁《に》げむとして、返りて風波に遇ひ、いと辛《から》く苦《くる》しみたるかも」と嘆くことばで締め括られている。

例によって、その「辛く苦しみたるかも」が地名「酷塩《からしほ》」および「苦《くるしみ》の斉《わたり》」の起源になっているのだが、そのこと以上に、この伝承を支えているのは、偉大な神オホナムヂが息子に乱暴されて嘆くという点にある。「あんなに力持ちで立派なオホナムヂも人(神?)の子、息子には手を焼いているね」といった共感や笑いがなければ、こうした語り口は必要ないはずである。

民間伝承の国作り——聖岡里

古事記には最初に地上(葦原《あしはら》の中《なか》つ国)を統治した神として語られ、出雲国風土記では「天《あめ》の下造らしし大神」と称え名で呼ばれる英雄神オホナムヂは、播磨国風土記においても国作りの神として語られている。しかし、その「国」は国家としての国というよりは、クニの原義に近い大地といった意味で理解したほうがよい。したがって、そこで語られるオホナムヂ像は、国土を統一した威厳のある英雄神というよりは、民間伝承の主人公ダイダラ坊（ダイダラボッチ）と同様の、ちょっと間抜けな大男といった性格を帯びてしまうのである。それゆえに、凶暴な息子に手を焼いて棄てようとしながら、逆に手ひどい逆襲を食らってしまうことにもなる。

　このようにちょっと間が抜けていて愛嬌のある神が語られるところに、民間伝承における日常の語りの真骨頂があるといえそうである。その代表的なハナシを読んでみよう。

　堲岡《はにをか》の里　（略）土は下《しも》の下。堲岡と号《なづ》くる所以《ゆゑ》は、昔、大汝命《おほなむぢ》と小比古尼命《すくなひこね》と相争ひて云はく、「堲の荷を担《にな》ひて遠く行くと、屎下《くそま》らずして遠く行くと、この二つの事、何《いづ》れかよくせむ」と。大汝命曰はく、「我は屎下らずして行かむと欲《おも》ふ」と。小比古尼命曰はく、「我は堲の荷を持ちて行かむと欲ふ」と。かく相争ひて行きき。数日《ひ》を逕《へ》て、大汝命曰はく、「我は忍び行くこと能《あた》はず」と。すなはち坐《ゐ》て屎下りし時、小比古尼命、咲《わら》ひて曰はく、「しか苦し」と。また、その堲をこの岡に擲《なげう》ちき。かれ、堲岡と号《なづ》く。また、屎下りし時、小竹《しの》、その屎を弾《はじ》き上げて、衣《みそ》に行《は》ねき。かれ、波自賀《はじか》の村と号く。

その堲と屎とは、石と成りて、今に亡《う》せず。（神前郡《かむざき》）

堲岡と呼ばれる赤土だらけの痩せ地がどうして生じたのかを説明する地名起源譚である。一般的なダイダラ坊伝説なら、赤土（堲）を担いでやって来た巨人の天秤棒が折れたので、担いでいた土を残したまま行ってしまった、だからここに赤土の山ができたのだと語られる。ところがこの伝承では、本来なら重い赤土を担うべきオホナムヂに糞を我慢させ、相棒の、小さくて力のなさそうなスクナヒコネに赤土を担がせて競争させるという、滑稽性をはらんだ我慢競争に仕立てられることになった。

笑いの発生

二神の競争や対立によって地名や事物を説明しようとする手法は、ことに播磨国風土記に多くみられるパターンで、それは、二者の葛藤や闘争という説話的モチーフによって物語性を抱えこんでゆく語り口である。ダイダラ坊伝説の類型でいえば赤土を担うのは巨人の役割だから、元来、この土地にもそうしたオーソドックスな伝承が存在していたはずである。それがこの話では、両者の本来的な関係を逆転させて、下《しも》がかった笑い話に仕立てたのである。

いくら大男で力持ちの神様でも便意には勝てないよ、というちょっと下品なからかいと笑いが、赤土と糞との連想によって引き出されてくる。今にも漏れそうな糞を必死で我慢しながら冷汗をたらして歩く滑稽なオホナムヂの姿が語られるのは、共同体における日常的な語りのなかでは、国作りの英雄神も、ある時にはパロディ化された主人公に変身させられてしまうという、ハナシの場が本来的に抱え込んでいる過剰さによってである。しかも、堲岡伝承における笑話性は、つけ足しとも思えるハジカという地名の説明によって補強されている。

二段落ち

この伝承では、あくまでも堲岡と呼ばれる土地の起源を語ることに中心はあるのだが、二者の競争譚になったために付加的にハジカが要求され、それが説明における「さげ」の役割を果たすことになった。そこでは、衣の裾に自らの糞を弾き付けてしまったオホナムヂが道化の役割を演じることになる。それは、もともとこの土地ハジカが笑話性をはらむ場所だったということと無縁ではなかろう。

ハジカという地名は「端処《はしか》」（端っこの土地）の意であり、堲岡と呼ばれる丘陵地帯の端っこに位置する土地であった。だから、その地名には「おこぼれ」といった軽蔑的な視線が込められ、昔話における「愚か村」話のような笑話性を内包していったのである。そのことは、同様の伝承が別に存在するということからも確かめられる。

端鹿《はしか》の里（略）右、端鹿と号《なづ》くるは、昔、神、諸《もろもろ》の村に菓子《このみ》を班《わか》ちしに、この村に至りて足らず。かれ、よりて、「間《はし》なるかも」と云ひき。かれ、端鹿と号く。この村、今に至るまで、山の木に菓子なし。（賀毛《かも》郡）

この伝承によれば、ハシカという村は、神にさえ見放された辺境（不毛）の場所として蔑みの対象になっている。おそらくこうした地名起源譚は、「愚か村」話がそうであるように、共同体の外部から語られているはずである。とすれば、先にふれたように、地名起源譚は必ずしも、土地に貼りついた聖なる神話などではないということになる。当たり前のことだが、からかいや嘲笑を交えて起源譚は語られもするのである。

滑稽な神

滑稽で間抜けな性格を発揮するのはオホナムヂだけではない。

筌戸《うへと》　大神、出雲国より来し時、嶋の村の岡を以ちて呉床《あぐら》として、坐《いま》して、筌《うへ》をこの川に置きき。かれ、筌戸と号《なづ》く。魚《うを》入らずして、鹿《しか》入りき。こを取りて鱠《なます》に作り、食《を》ししに、口に入らずして、地《つち》に落ちき。かれ、ここを去りて、他《あだしところ》に遷《うつ》りき。（讃容《さよ》郡）

この「大神」は伊和《いわ》大神のことだとされているが、出雲から来たとあり、あるいは出雲大神オホナムヂとももとれる。岡の上に座って魚を追い込む竹かごを川に仕掛けるというから巨軀をもつ神である。そして、この神が川に仕掛けた筌に、魚ではなく鹿がかかったというのである。これは、久米部の戦闘歌謡、「宇陀《うだ》の　高城《たかき》に　鴫罠《しぎわな》張る　我が待つや　鴫は障《さや》らず　いすくはし　くぢら障る」（古事記、中巻）の、シギを捕るためのワナ網を仕掛けたら、とんでもないことにクヂラ（鯨）がかかったと歌うのとまったく同じ発想をもっている。

一方は山に鳥網を張ったら鯨がかかり、一方は川に筌を掛けたら山の鹿がかかったというわけで、ともに、とんでもない獲物を得た驚きと笑いが描かれ、播磨国の民間伝承と戦闘集団久米部の歌謡との発想はきわめて接近している。ただ両者の違いは、筌戸の伝承が、鹿を手に入れた大神をピエロに仕立て上げている点である。予想外の獲物を手に入れ、せっかく鱠に料理したのに口からこぼれてしまい、うんざりした大神は、いやな土地だとばかりによそへ行ってしまう。これに似た伝承は常陸国風土記にもあって、岡に座って海のハマグリを食べる大男が語られており(那賀郡大櫛《おおくし》岡)、民間伝承として広く流布していたらしい。

あるいは、こぼれた鹿の肉の破片に命が吹き込まれて今いる鹿たちが誕生したというふうにでも語られれば、アイヌ神謡にありそうな鹿の起源神話になるのだが、ここの語り手たちは、少しばかり動作がのろくて不器用な巨神に親しみを感じて語りを楽しんでいたらしい。

播磨と出雲

播磨国は、神や人が頻繁に行き来する交通の要衝であった。それはさまざまなかたちで伝承のなかに現れる。

① 稲種《いなだね》山　大汝命《おほなむち》・少日子《すくなひこ》根《ね》命二柱《ふたはしら》の神、神前郡聖岡《かむさきのこほりはにをか》の里生野《いくの》の岑《みね》に在《いま》して、この山を望見《みそな》はして云《の》りたまひしく、「その山は、稲種を置くべし」と。すなはち稲種を遣《や》りて、この山に積みき。(略)　(揖保《いひぼ》郡)

② 琴坂　琴坂と号《なづ》くる所《ゆ》以《ゑ》は、大帯比古《おほたらしひこ》天皇のみ世に、出雲の国人、この坂に息《いこ》ひき。

（略）　（揖保郡）

③　宇波良《うはら》村　葦原志許乎《あしはらのしこを》命、国占《くにし》めましし時に、勅《の》りたまひしく、「この地《くに》は小狭《ちさ》くあれども、室《むろ》の戸のごとし」と。かれ、表戸《うはと》と曰ふ　（宍禾《しさは》郡）

④　粒丘《いひぼをか》　粒丘と号《なづ》くる所以《ゆゑ》は、天《あめ》の日槍《ひぼこ》命、韓国《からくに》より度《わた》り来て、宇頭《うづ》の川底《かはへ》に到りて宿処《やどり》を葦原志挙乎《あしはらのしこを》命に乞ひて曰はく、（略）　（揖保郡）

出雲の神々が中国地方において大きな勢力をもっていたらしいことは、オホナムヂやアシハラノシコヲなど出雲を本拠とする神々が播磨にまで遠征する伝承がいくつも語られていることからわかる。①ではオホナムヂとスクナヒコネが稲種を配る神として語られている。前には滑稽で笑われる神の話を引いたが、オホナムヂの役割はけっしてそれだけではない。

また出雲からは、オホナムヂやスクナヒコネだけではなく、人も来るし(②)、アシハラノシコヲもやってくる(③)。古事記によればアシハラノシコヲはオホナムヂの別名だが、こちらは国占めをするいささか強面の神として語られる。それゆえにオホナムヂではなく、シコヲという名がふさわしいとされたものか。またこの神は、④では韓国から渡来したというアメノヒボコとの国占め競争も語られる。事実、播磨には渡来の人びとが住んだという伝承もある(神前郡粳岡里《ぬかおか》）。

ここには、播磨国が出雲との関係を強くもっていたということ、あちこちからの移動があったことなどを知ることができる。そして、その来訪者のなかでもっとも頻繁に登場するのが、ヤマトからの品太《ほむだ》（応神）天皇であった。

笑われる品太天皇

恐ろしく厳めしい神だけが笑いの対象になるのではない。見たこともない侵略者である天皇もまた、間抜けで滑稽な貴種として笑い飛ばされる。播磨国風土記にもっとも頻繁に登場するのは品太天皇だが、かれもまた笑話の主人公として播磨国にしっかりと根づいている。

英馬野《あがまの》と号《なづ》くる所以《ゆゑ》は、品太《ほむだ》天皇、この野に狩りし時、一つの馬走り逸《に》げき。勅《の》りて云はく、「誰《た》が馬ぞ」と。侍従《おもとびと》等、対《こた》へて云はく、「朕《あ》が君の御馬《みうま》なり」と。すなはち、我馬《あがま》野《の》と号く。（餝磨郡）

小目野《をめの》　右、小目野と号くるは、品太天皇、巡り行きし時、この野に宿り、すなはち四方《よも》を望み覧《み》て、勅《の》りて云はく、「その観《み》ゆるは、海か、河か」と。従臣《おもとびとたち》、対《こた》へて曰はく、

「こは霧なり」と。その時、宣《の》りて云はく、「大き体《かたち》は見ゆれども、小目《をめ》なきかも」と。かれ、小目野と曰号《なづ》く。（賀毛郡）

自分の愛馬が走り去ったのを見て「誰の馬だ」と尋ねる品太天皇は、けっして頭のめぐりがいいとは言えない。だから、臣下たちはあきれ顔で、「ご自分の馬でしょう」と言うしかないのである。一方、小目野の伝承でも、品太天皇は霧に囲まれて、「海か、川か」と聞いて臣下たちに呆れられ、「大体はわかるが、細部はなあ」と、わけのわからないことを口走る。これは、神の託宣を信じないで、「宝の国なんて見えない、海だけだ」と言って神の怒りにふれて死んだ古事記のタラシナカツヒコ（仲哀天皇）とおなじだ。むろん、神の怒りを買うより臣下に馬鹿にされるほうが滑稽さが増すのは当然だし、愛敬もある。

これらの伝承の語り手にとって天皇を諫《いさ》める神など語る必要はなかった。遠いヤマトから乗り込んできた相手をからかって笑い飛ばせばそれでよかったのである。

そういえば、遠い旅をしてわざわざやってきて、求婚相手の印南別嬢《いなみのわきいらつめ》に拒まれ逃げられたのもヤマトから来たオホタラシヒコ（大帯日子、景行天皇）であった（賀古郡）。あのイナビ（否び）妻の根底には中央に対する地方の側の抵抗の姿勢が脈打っており、古事記や日本書紀ではオホタラシヒコの后《きさき》となって小碓命《おうす》（ヤマトタケル）を産んだ印南《いなみ》のおとめは、播磨国風土記では求婚を拒んで入水する伝承を背後に隠しもっている。

同様に、品太天皇の滑稽さを語る伝承にもまた、征服する中央に対する地方の側のレジスタンスが込められているとみてよいのかもしれない。それがヤマトと播磨との関係である。

狩りをする天皇

播磨国風土記には、品太天皇の狩猟にかかわる伝承が多い。そして、天皇の狩猟や巡行を語る伝承は、天皇家の地方支配や敵対者の制圧を語る服属伝承と軌を一にするというのは、だれがみても想像はつく。

伊夜丘《いやをか》は、品太天皇の獦犬《かりいぬ》「名は、まなしろ」、猪《ゐ》とこの岡に走り上りき。天皇、見て云はく、「射《い》よ」と。かれ、伊夜丘といふ。この犬、猪と相闘《たたか》ひて死にき。すなはち、墓を作りて葬《はふ》りき。かれ、この岡の西に犬の墓あり。（略）　（託賀《たか》郡）

目前田《まさきだ》は、天皇の獦犬、猪に目を打ち害《さ》かれき。かれ、目割《まさき》といふ。　（託賀郡）

阿多加野《あたかの》は、品太天皇、この野に狩りしに、一つの猪、矢を負ひて、阿多岐《あたき》しき。かれ、

阿多賀野といふ。（託賀郡）

連続して語られる地名起源譚をみると、品太天皇の狩猟伝承が播磨国に深く根づいていたのは明らかだ。しかも、それらは穏やかでのどかな伝承ばかりではない。阿多加野の、イノシシが「あたきしき」というのは手負いのイノシシが暴れたことをいうか。古事記には、オオハツセワカタケル（雄略天皇）が出くわしたイノシシに「うたき」（うなる意か）され、ハンノキに逃げ登ったという伝承がある。

臭江《くさえ》　右、臭江と号《なづ》くるは、品太天皇の世、播磨国の田の村君、百八十《ももやそ》の村君ありて、己《おの》が村別《むらごと》に相闘《たたか》ひし時、天皇、勅《の》りて、この村に追ひ聚《あつ》めて、ことごとに斬り死《ころ》しき。かれ、臭江といふ。その血、黒く流れき。かれ、黒川と号く。（賀毛郡）

巡行の途中の血生臭い伝承も含んでいる。そしてそこには、ヤマトから来た天皇に征服される側の心意の一端が窺える。だからこそ、求婚を拒んで逃げるおとめや間抜けな天皇の伝承が語られもするのである。

古代の鴨取り権兵衛

播磨国風土記の品太天皇は、ある時は凶暴な、ある時は穏やかな貌《かお》をした天皇なのだが、その一方で、英馬野《あがまの》や小目野《おめの》の話のように、どこか滑稽で間抜けな性格を払拭することができない。そして、次に引く伝承も同様の笑話性を内包しているとみてよさそうである。すでに第三章に引いた話だが、あらためて考えてみたい。

> 上鴨の里・下鴨の里 (略)品太天皇、巡り行きし時、この鴨、飛び発《た》ちて、修布《すふ》の井の樹に居《を》りき。この時、天皇、問ひて云はく、「何の鳥ぞ」と。侍従《おもとびと》、当麻《たぎま》の品遅部君前玉《ほむちべのきみさきたま》、答へて曰はく、「川に住める鴨なり」と。勅《の》りて射《い》しめし時、一つの矢を発《はな》ちて二つの鳥に中《あ》てき。すなはち、矢を負ひて、山の岑《みね》より飛び越えし処《ところ》は鴨坂と号《なづ》け、落ち斃《たふ》れし処はすなはち鴨谷《かもだに》と号け、羹《あつもの》を煮《に》し処は煮坂《にさか》と号く。（賀毛郡）

狩猟の好きな天皇が鴨を知らないというところが、まず滑稽で間抜けな品太天皇らしい。そして、照れ隠しなのかどうか、臣下に矢を射させる。するとどうだ、従者のサキタマは一本の矢で二羽の鴨を射抜いてしまう。まるで、のちの昔話「鴨取り権兵衛」の主人公、権兵衛さんのような名人ぶりである。もちろん、権兵衛さんが射抜いたカモの数はもっと多くて、鉄砲の尻を震わせたり筒を曲げて撃ったりした一発の玉で、七羽とか一二羽とかのカモを打ち落としてしまう。

サキタマの射た鴨は二羽だが、その鴨は串刺しになったまま山を越えて飛んでおり、ここでは鴨も笑話風の超能力をしっかりと発揮している。しかも、この話が地名を重ねながら語られているところをみると、元来は、最後の煮坂という地で鴨汁を作って食べたという結末まで連続した話としておもしろおかしく語られていたに違いない。

話し捨てられる笑い話

オホナムヂにしろ品太天皇にしろ、播磨国風土記には滑稽な語り口をとる伝承がずいぶん目につく。そして、そのいずれもが地名起源譚として語られているのだが、これらの伝承では、地名自体が伝承に対して絶対的な拘束力をもっているとはいえない場合が多い。つまり、播磨国風土記の撰録を命じた朝廷が求めているであろう山川原野の名号の所由としての地名起源譚というよりは、これらの伝承は、日常的な語りの場では個々の土地から離れ、話し捨てられる笑い話として人びとの間で語られていた可能性が大きいのではないかと思われる。

ある場合には次々と変化しながら、あるいは別の内容を添加したり削ったりしながら、伝承は語り継がれ再生産されて人びとの間を流れてゆく。播磨国風土記に遺された文字表現だけではどう理解してよいのかわからない伝承が多いのも、そうした日常的な場における語りが抱えこんだ自在さ＝不安定さにその原因の一つがあるのではないかと思う。そのわからなさについて、次の三例を考えてみよう。

① 佐々《ささ》の村　品太《ほむだ》天皇、巡り行きし時、猨《さる》、竹葉《ささば》を嚙《く》ひて遇《あ》へり。かれ、佐々の村といふ。（揖保郡）

② 宍禾《しさは》と名づくる所以《ゆゑ》は、伊和《いわ》大神、国作り堅《かた》め了《を》へし以後《のち》、山川谷尾を堺《さか》ひに、巡り行きし時、大きなる鹿、己《おの》が舌を出して、矢田の村に遇へり。ここに、勅《の》りて云はく、「矢はその舌にあり」と。かれ、宍禾の郡《こほり》と号《なづ》け、村の名を矢田の村と号く。（宍禾郡）

③ 三重の里　（略）三重といふ所以は、昔、一《ひとり》の女《をみな》ありき。筍《たかむな》を抜きて、布もて裹《つつ》み食《く》らふに、三重に居《ゐ》てえ起立《た》たざりき。かれ、三重といふ。（賀毛郡）

①の猿（猓）が「竹葉」をくわえて品太天皇の前に出てきたから、「佐々」という地名になったというだけの話なのか、その背後に、わたしたちの了解できない何か、たとえば猿と竹の葉とのかかわりや竹の葉の象徴性が潜んでいるのか。おそらく、竹の葉だから佐々の村だというのではない何かがあるに違いない。品太天皇との結びつきにも謂われがともなっていたはずだが、遺された文字資料からは何もみえてこない。

②の話でいえば、舌を出した鹿の寓意性は何か。あるいは、舌（シタ）の下（シタ）に矢が隠されているとでもいいたいのか。舌を矢で射抜かれているというだけではない何かが、「矢はその舌にあり」という伊和大神のことばを導き出しているはずだ。シシサハ（宍多）やヤシタ（矢舌）が縮まってシサハやヤタという地名になったというだけでは、あまりおもしろみがないように思う。

また、古事記のヤマトタケル伝承に出てくる地名起源譚に似た③三重里の伝承では、なぜタケノコを食う女の足が三重になって立てなくなってしまうのか、何も説明されていない。布に包んで食べるという描写から、それは食べることを許されない禁忌のタケノコだったに違いないと想像するだけである。

これらの伝承を語り継いでいた人びとはもちろん、播磨国風土記の撰録者にも了解できたはずの共同性がわたしたちには見えなくなっている。おそらく、文字には記されていない何か、隠され忘れられた何かが、これらの伝承を支える根拠になっていたはずである。今となってはそれを追うことは不可能に近いが、わたしたちにとっては不可解とも思える伝承にこそ、音声の「語り」の真相が見いだせるのではなかろうか。断片化されることもまた、語り継がれる伝承の本質といえるのだから。そして、外部性をもちにくい日常的な語りのほうが、当事者たちの内部で完結しやすいために、語りの場や時間を隔てた途端に、了解不能に陥るのはむしろ当然だったのである。

こうしたよくわからないハナシを、播磨国風土記が遺されたためにわたしたちが読めるということは、古代の伝承を考える上でたいへんありがたいことだと思う。

2　速津媛——豊後国風土記と女性首長

地方と中央

九州諸国のなかで運よく遺された豊後国風土記と肥前国風土記の二つの国の風土記は、日本書紀（「日本書」紀）を踏まえて撰録したと見なされる伝承が多く、その成立は養老四年（七二〇）

以降で、大宰府の役人による整理や手入れが加わっていると考えられている。そうした日本書紀に基づく伝承は天皇の巡行記事であり、豊後国風土記では、「纏向《まきむく》の日代《ひしろ》の宮に御宇《あめのしたしろしめ》しし天皇」や「大足彦《おほたらしひこ》の天皇」(ともに景行天皇のこと)の遠征が多い。ここでは、豊後国風土記に載せられた女性首長をめぐる天皇による討伐伝承を考えてみる。

昔者《むかし》、纏向《まきむく》の日代《ひしろ》の宮に御宇《あめのしたしろしめ》しし天皇、(略)海部郡《あまのこほり》の宮浦に泊《は》てき。時に、この村に女人《をみな》有り。名を速津媛《はやつひめ》と曰ひて、その処の長《をさ》たり。すなはち、天皇の行幸《いでまし》を聞きて、親自《みづか》ら迎へ奉りて奏言《まを》ししく、「この山に大きなる磐窟《いはや》有り、名を鼠《ねずみ》の磐窟と曰ふ。土蜘蛛《つちぐも》二人住めり。その名を青・白と曰ふ。また、直入《なほり》郡の禰疑野《ねぎの》に、土蜘蛛三人《みたり》有り。その名を打猨《うちさる》・八田《やた》・国摩侶《くにまろ》と曰ふ。この五人《いつたり》は、並びに為人《ひととなり》強暴《ちはや》び、衆類《ともがら》もまた多《さは》に在り。悉皆《みな》、謡《そし》りて云はく、『皇命《おほみこと》に従はじ』と。もし強《あなが》ちに喚《め》さば、兵《いくさ》を興《おこ》して距《ふせ》かむ」と。

ここに天皇、兵《いくさ》を遣りて、その要害《ぬみ》を遮《さ》へて、ことごとに誅《ころ》し滅ぼしつ。

これによりて、名を速津媛の国と曰ひき。後の人改めて速見の郡と曰ふ。(速見郡)

次に、同じ速津媛の登場するくだりを、日本書紀によって示す。

速見邑《はやみのむら》に到りたまふに、女人《をみな》有り。速津媛《はやつひめ》と曰ひて、一処《ひとところ》の長たり。それ、天皇車駕《いでま》せりと聞きて、自ら迎へ奉りて諮言《まを》ししく、「この山に大きなる石窟《いはや》有り、鼠《ねずみ》の石窟と曰ふ。二《ふたり》の土蜘蛛《つちぐも》有りて、その石窟に住む。一つを青と曰ひ、二つを白と曰ふ。また、直入県《なほりのあがた》の禰疑野《ねぎの》に、三《みたり》の土蜘蛛有り。一つを打猨《うちさる》と曰ひ、二つを八田《やた》と曰ひ、三つを国摩侶《くにまろ》と曰ふ。この五人《いつたり》は、並びにその為人強力《ひととなりちからこは》く、また衆類《ともがら》多し。皆、曰はく、『皇命《おほみこと》に従はじ』と。もし強《あなが》ちに喚《め》さば、兵を興して距《ふせ》かむ」と。天皇、悪《にく》みたまひて、進行《いでま》すこと得ず。すなはち来田見邑《くたみのむら》に留まりて、権《かり》に宮室《みやた》を興てて居《ま》します。

（景行一二年一〇月）

遠征してきた天皇を迎えた速津媛が、山に要塞を構える者たちがいることを教えたために、天皇は賊を誅滅することができた。それでその地は「速津媛の国」と呼ばれていたのが、のちに訛って「速見の郡」となったと伝えている。日本書紀の場合は、留まった来田見邑で綿密な討伐計画を練った上で、抵抗する土蜘蛛を順番に討ち殺してゆくさまを詳細に記述する。ところが、豊後国風土記では、誅殺のさまは「ことごとに誅し滅ぼしつ」とあるだけで、あとは速見郡の地名起源に結び付けるというかたちで土地の伝承に組み立てている。

内容を比較すれば明らかなように、たしかに速見郡の話は日本書紀の記事に基づいて記されているとみてよいだろうが、日本書紀をそのまま写すのではなく、天皇に内通した速津媛の功績と地名の謂われを語るという、「地理志」としての立場をわきまえるかたちで再編集されているのである。あるいは大宰府の役人たちにとっては、このままのかたちで、「日本書」地理志のなかに並べればよいというようなことを意識していたのだろうか。

女性首長の存在

速見郡は大分県の別府湾に面した一帯だが、現存する豊後国風土記の記事が日本書紀に基づいて記述されているということを前提として、では、日本書紀はこうした記事をどのようにして入手したのであろうか。オホタラシヒコの九州遠征が事実に基づいているか否かということではなく、こうした土着豪族の討伐記事を机上の創作として撰録したと見なしたとき、帰順した存在ではあるとしても、討伐する相手の首長を女性として語ることに、いかなる意味があるのだろうか。しかも、土地の首長を女性と語るのは速津媛だけではない。

同じく豊後国風土記の日田郡にある五馬《いつま》山の伝承では、「昔者、この山に土蜘蛛《つちぐも》あり、名を五馬《いつま》媛《ひめ》と曰ひき」とあり、肥前国風土記にも、海松橿《みるかし》媛（松浦郡）や速来津《はやきつ》姫・浮穴沫《うきあなわ》媛（ともに彼杵《そのき》郡）という名の土蜘蛛がいたと伝えている。

土蜘蛛という呼称は、中央の側から服属しない者たちを呼ぶ蔑称であり、在地の側からいえば、それぞれの土地を領有する首長であった。そして興味深いことに、女性の首長が各地にいたことは、考古学の発掘成果からも証明されている。

森浩一は、鳥取県東伯《とうはく》郡の長瀬高浜遺跡、京都府北部（丹後半島）の竹野川流域の古墳群、熊本県宇土《うと》市の向野田《むこうのだ》古墳、福岡県糟屋郡の七夕池古墳、あるいは山形県米沢市の戸塚山古墳、栃木県小山市の桑五七号墳など、日本列島の各地に女性を埋葬した大規模な古墳があることを指摘し、文献にあらわれた女性首長の存在に対応するものだと指摘している。

おそらく、風土記に描かれた女性首長の記事には、ヤマトの王権が列島を制圧する以前の歴史が何らかのかたちで反映しているに違いない。とすれば、日本書紀の記事も、中央が勝手に机上で書き上げたというふうな説明はできないはずである。そこに、日本書紀が資料として用いた何らかの記録や伝承があったと考えなくてはいけないのではないか。九州関係の記事の場合、それが律令以前の国名を用いた乙類風土記（第二章3、参照）であったかどうかまではわからない。

古墳時代以前、日本列島には男の首長もいたし、女たちも首長として土地を治めていた。これは、男と女とが対の構造をとって並ぶ存在だということからみれば、当然のありようだった。文化人類学の認識では、古代の日本列島は母系でもあり父系でもあるような双方的（双系的）な社会だったと考えられている（明石一紀）。たしかに、あれほどに男系的な血統を重視する天皇家においてさえ、アマテラス（天照大御神）という女性神を始祖神として斎《いつ》き祀り、律令国家の確立した八世紀においても、中継ぎ的な性格をもつとはいえ何人もの女性が天皇として即位する。そうした事実をみても、女という性が男に劣ると考えられていたはずはなく、その証しが、これら九州風土記に伝えられた女性首長の記事からは浮かび上がるように思われる。

3　遠征するオキナガタラシヒメ――肥前国風土記と日本書紀

往復する伝承

豊後国風土記とともに、もう一つ遺された肥前国風土記の場合は、その地理的位置からして当然だろうが、オキナガタラシヒメ（気長足姫、神功皇后のこと）による新羅遠征の伝承がさまざまに伝えられている。そして、それらの記事も日本書紀に基づいた地名起源譚に仕立てられている。

海を渡った侵略者として海彼《かいひ》の人びとの嫌われ者の象徴となった「神功」皇后という名前が登場するのは、早くても八世紀末以降である。古事記はもちろん、日本書紀でも肥前国風土記でも、彼女はオキナガタラシヒメノミコト（息長帯比売命、気長足姫尊）と呼ばれている。

神懸かりをよくするタラシナカツヒコ（仲哀天皇）の后オキナガタラシヒメが新羅の国に攻め渡ったとする伝承がいつ頃から伝えられていたかについては、政治的な性格が顕在化しやすいこともあって、研究者の見解は百家争鳴という状況で確かなことはわからない。いえることは、肥前国風土記をはじめ地方伝承の出現は、倭国（ヤマト王権）と朝鮮半島とのあいだに生じた政治的な軋轢《あつれき》が大本にあったということぐらいか。それがいつの時代のことかについては議論があるとして、倭国の軍勢が海を渡ったという事実があり、それを背景にしてオキナガタラシヒメにまつわる伝承群が次々に生みだされ伝播していったらしい。

その場合、伝承の発信源が、倭国の中心であったヤマトの地に起源するものか、実際の軍勢が停留し通過した土地の側から生み出されたものかについては、にわかには決定できそうにない。どちらかの一方通行であったというよりは、伝承が中央と地方とのあいだで往復運動をくり返すうちに、さまざまなオキナガタラシヒメ像が作られることになったとみるのがよいのではないか。

東から何艘もの軍船が来て、北に向かって漕ぎ出していった。しかもその先頭に立っていたのは女性だったというような大事件が、迎える人びとのうわさにならないわけはないと思うからである。新羅の国王を倒して従属させたという覇権主義的な枠組みは中央の側のプロパガンダである可能性が高いが、その周辺に広がるさまざまなエピソードのなかには、土地の側で生み出され伝えられていた話が拾い上げられ、中央の歴史書に載せられることになったものもあるはずである。

オキナガタラシヒメのアユ釣り

そうしたオキナガタラシヒメの伝承群のなかから、ここではアユ釣りのエピソードを取りあげ、その伝承のあり方について考えてみたい。松浦郡の玉島川に行ったオキナガタラシヒメが、新羅遠征の成否をアユ釣りによって占ったという、よく知られた伝承である。しかもこの話は、日本書紀のほか古事記にも伝えられているので三つの文献を比較することができるのだが、まずは、肥前国風土記の記事を引用する。

昔者《むかし》、気長足姫尊《おきながたらしひめのみこと》、新羅を征伐《う》たむと欲《おも》ほして、この郡に行でまして、玉嶋の小河の側《ほとり》に進食《みをし》したまひき。ここに、皇后《おほきさき》、針を勾《ま》げて鉤《ち》と為し、飯粒《いひぼ》を餌《ゑ》として、裳《も》の糸を緡《つりを》として、河中の石《いは》に登りて、鉤《ち》を捧げて祝《うけ》ひたまひしく、「朕《われ》、新羅を征伐《う》ちて、そが財宝《たから》を求《ま》がまく欲ふ。その事、功《いさを》成りて凱旋《かちかへ》らむには、細鱗《あゆ》の魚《うを》、朕《わ》が鉤《ち》と緡《つりを》とを呑《の》め」とのりたまひて、やがて鉤を投げたまふに、片時《しまし》にして、果してその魚を得たり。皇后、のりたまひしく、「甚《あな》、希見《めづら》しき物「希見を梅豆羅志《めづらし》と謂ふ」」と。よりて希見《めづら》の国といひき。今は訛《よこなま》りて松浦《まつら》の郡《こほり》と謂ふ。この所以《ゆゑ》に、この国の婦女《をみな》は、孟夏四月《うづき》には常に針を以ちて年魚《あゆ》を釣る。男夫《をとこ》は釣るといへども、獲《と》ること能はず。

（松浦郡）

佐賀県唐津市を流れる玉島川を舞台にして語っている。伝承によれば、アユが川をのぼり始める頃、女性が裳の糸を抜いて米粒を餌にしてアユを釣るという習俗があり、その起源はオキナガタラシヒメに由来するというのである。

縫い針で釣る

女性がアユを釣る、針を曲げて釣り針にし、裳の糸を釣り糸にする、米粒を餌にする。そのいずれもが、日常的な行為ではなかったはずだ。そもそも釣りという労働の性役割は男と見なすのが普遍的だから、女人が釣りをすることも女が身につける裳の糸を使うことも異例であるのは明らかだ。餌が米粒とされるのは、遠征の途中だから持っていた携帯食の乾飯《かれいい》を使ったということだろうが、アユ釣りにはなじまない餌である。

アユは友釣りが有名だが、古くから行われている漁法としては梁漁《やなりょう》や鵜飼《うかい》がある（『延喜式』や古事記など）。友釣りは近世になって生み出された釣り方だというが、アユの習性を利用した釣りであるところからみれば、自然発生的な起源は古いかもしれない。また、梁漁や鵜飼のほかに餌釣りも古くから行われていたほか、ドブ釣り（水生昆虫を捕食するのを利用し、毛バリを用いて釣る方法）やスガケ（素掛、かけバリを底に沈めてアユを引っかける方法）という釣り方もある。

松浦郡の伝承のなかで、オキナガタラシヒメが縫い針を曲げて釣り針にし、飯粒を餌にして釣りをしたという部分（引用本文の傍線部分）を日本書紀は次のように描いている。

ここに皇后《おほきさき》、針を勾《ま》げて鉤《ち》と為《な》し、粒《いひぼ》を取りて餌《ゑ》として、裳《も》の縷《いと》を抽取《と》りて緡《つりを》として、河の中の石《いは》の上に登りて、鉤を投げて祈《うけ》ひて曰はく、（略）（神功摂政前紀、仲哀九年四月）

引用した前後の部分を含めて、日本書紀の記事は肥前国風土記と表現も内容もほとんど変わらない。それに対して古事記はこうなっている。

また筑紫の末羅《まつら》の県《あがた》の玉嶋の里に到り坐して、その河の辺《ほとり》に御食《みをし》したまひし時、四月《うづき》の上旬《はじめ》に当りき。ここにその河中の礒《いそ》に坐《いま》して、御裳《みも》の糸を抜き取り、飯粒《いひぼ》を餌《ゑ》にして、その河の年魚《あゆ》「その河の名を小河と謂ふ。またその礒の名を勝門《かちど》比売と謂ふ」を釣りたまひき。かれ、四月の上旬の時、女人《をみな》、裳の糸を抜き、粒《いひぼ》を餌にして、年魚を釣ること、今に至るまで絶えず。（中巻）

三書の比較

古事記には釣り針が出てこないが、まさか糸に直接米粒を結びつけて釣ったとは考えられない。おそらく、何らかの理由で針の記述が脱落したのだ。

一方、肥前国風土記と日本書紀の記事だが、古事記とはいくつかの点で相違する。引用部分のあとには、祈願（ウケヒ）のことばが述べられ、その後にアユを釣ったことが語られる。一方、古事記には祈願のことばが伝えられておらず、四月に女人が釣りをするという習俗だけが語られているわけだが、そのあたりにも釣り針と同じく脱落や省略があると考えられる。そこからみて、古事記が、日本書紀や肥前国風土記の記事あるいはその元になった伝承に基づいているのではなく、それら二書とは別のルートで伝えられていた可能性が大きい。

ここではとくに釣りをする場面の描きかたにこだわって、三つの文献の原文を並べてみる。

肥前国風土記＝勾針為鉤、飯粒為餌、　裳糸為緡、登河中之石、　捧鉤祝　曰
日本書紀＝　勾針為鉤、取粒為餌、抽取裳縷為緡、登河中　石上、而投鉤祈之曰
古事記＝　坐其河中之礒、抜取御裳之糸、以飯粒為餌、釣其河之年魚

オキナガタラシヒメの行為を、釣りの準備過程を考慮して順番に並べると、①針を曲げて釣り針を作る→②裳の糸を抜いて釣り糸にする→③米粒を餌にする→④河中の岩に登り祈願してアユを釣る、という展開になろう。そして、肥前国風土記と日本書紀は、選択された字句も含めてそっくりである。

ところが古事記の場合、①の部分が脱落し、④のうちのウケヒ（祈・祝）をする場面も語られ

ていない。肥前国風土記と日本書紀との類似は、日本書紀の叙述を参照しながら肥前国風土記のアユ釣り伝承が記述されているためだと考えられる。九州諸国の風土記と日本書紀とを比較検討した瀬間正之の、豊後国風土記や肥前国風土記は「大宰府で一括編集されたという通説に相反」することはなく、「極めて漢語漢文に精通した編述者が漢文体を志向して書記したもので、『景行紀』や『神功紀』を参照しながらも、それを上回る漢語漢文の書記能力を有していた」という指摘が参考になる。

ただし、日本書紀に基づいて肥前国風土記が書かれているからといって、日本書紀成立以前には、松浦郡にオキナガタラシヒメのアユ釣り伝承が存在しなかったとは断言できない。というのは、万葉集に載せられている天平元年(七二九)に作られた、いわゆる鎮懐石の序と歌(巻五、八一三・八一四)、天平二年作の「松浦河に遊ぶ」と題された序や短歌(巻五、八五三〜八六三)などを読むと、オキナガタラシヒメの玉嶋での「アユ釣り」の逸話は、天平期初頭の筑紫・大宰府の役人たちにとっては周知の事実であったことが確認できるからである。

養老四年(七二〇)成立の日本書紀を元にして北九州一帯にオキナガタラシヒメの伝承が広がったとみなすためには、話が伝えられてから一〇年も経たないあいだに伝承は土着化したと考える必要がある。しかし、万葉集の内容からして、そのすべてを日本書紀の記事からの情報に基づいているとはとうてい考えられず、日本書紀成立以前に何らかの伝承がそれぞれの土地に根付いていたとみるのが自然であろう。

アユ釣りと釣り針

アユ釣りが占いであるのは、獣の狩猟が「宇気比獦《うけひがり》」（古事記、中巻）と呼ばれるのと同様に、漁撈もまた、その獲物は神にゆだねられているのだから当然である。その点については、日本書紀のカムヤマトイハレビコの東征記事（神武即位前紀戊午年九月条）にみられる、吉野の丹生川で「瓮《いつへ》を川に沈」めて戦いの成否を占ったという記事も参照できる。

　また、アユ釣り伝承を読んでいると、興味深い事実に逢着する。それは、使われる釣り針の原材料と形状とについてである。古事記には釣り針のことが出てこないのだが、肥前国風土記と日本書紀がともに、「針を勾げて鈎（鉤）と為し（勾針為鈎（鉤））」と記しており、まっすぐな縫い針を曲げて釣り針を作ったところに、ウケヒにふさわしい困難さが語られていると解釈できる。そう考えると、直針を曲げて釣り針にするのは、釣り針を持っていなかったからというような理由ではなく、それが占いとして行われているからだと考えなければならない。まっすぐな針を曲げて釣り針を作ったというのだから、その材料は鉄である。

そしてもう一つ、釣り針に関して興味深い事実を指摘すると、ふつうの釣り針の先端部分には「もどり」(「かえし」とも「あぐ」ともいう)と呼ぶトゲのような突起が付いている。かかった魚が跳ねると、針が肉に食い込んで逃げられないようにする働きをもつ。「もどり」は、鉄の針に限らず、縄文時代の骨角製の釣り針でも、針の内側にあったり外側に付いていたりさまざまな形状をしているが、おおかたは付いている。ところが、鉄製の直針を曲げたのでは、針先はまっすぐ細くなっているために「もどり」が作れない。ということは、釣った魚に逃げられる危険性が大きいのだが、ウケヒ釣りでは、その形状こそが重要だったのである。通常ではない困難な条件のもとで、アユを釣ることが必要だからである。

実際に今も、アユ釣りは「もどり」のない針を使って行われる。それは、江戸時代に始まったとされる友釣りに由来するというのが一般的な解釈だが、わたしは、オキナガタラシヒメが直針を曲げてアユを釣ったという伝承は、「もどり」のない釣り針を用いるアユ釣りの起源譚として語られていたに違いないと考えている。

なぜ、アユは今も「もどり」のない針で釣らなければならないのか。だれもその起源を知らないし、起源をたずねようともしないのだが、オキナガタラシヒメがこのようにしてアユを釣った、だから昔も今も、アユの針には「もどり」が付いていないのだと考えると、とても理解しやすい。そのようなアユ釣りの起源が神話的に語られていたとするなら、古事記や肥前国風土記や日本書紀のアユ釣り伝承の背後には、有史以前から続くアユ釣りの習俗が息づいていることが了解できるかもしれないという蛇足を加えておく。

4　稲作をめぐる伝承――事実を保証する方法

記念物

何かの謂われを語る伝承、それを柳田国男は「伝説」と呼び、昔話などとは違い、伝説には、その真実性を保証するために記念物が必要だと論じた。その記念物とは、石や川や木などの自然や物体だけにではなく、地名や出来事や諺など、証拠となるべき固有の品物をもたないものでもかまわない。「物」はかなり広く考えていたほうがよい。しかし、出来事によって保証される物がなくては伝説とは呼びにくいということだけはいえる。風土記に伝えられている地名起源譚も一種の伝説といってよいから、やはり証拠は必要である。

風土記に遺された具体的な事例にふれながら、事実を保証する方法について考えてみよう。

田野（略）この野は広く大きく、土地沃腴《つちこ》えたり。開墾《にひばり》の便《たより》、この土《ところ》に比《たぐ》ふものなし。昔者《むかし》、郡内《くぬち》の百姓《おほみたから》、この野に居《す》みて、多く水田を開きしに、糧《かて》に余りて、畝《うね》に宿《とど》めき。大《いた》く己《おの》が富に奢《おご》りて、餅《もちひ》を作ちて的《いくは》と為《な》しき。時に、餅、白き鳥と化《な》りて、発《た》ちて南に飛びき。当年《そのとし》の間《ほど》に、百姓死に絶え、水田を造らず、つひに荒れ廃《は》てたりき。時より以降《それこのかた》、水田に宜《よろ》しからず。今、田野といふは、その縁《ことのもと》なり。

（豊後国風土記、速見郡）

長者の没落

典型的な長者没落伝説の一つで、「餅の的」あるいは「的餅《いくはもち》」と呼ばれる類型的な伝承である。肥沃で広大な野原があり、そこは「田野」と呼ばれている。しかし、今そこは耕作できない土地として荒れ果てている。なぜ水田が作れないのか、なぜ「田野」と呼ばれているのか、ということを説明するのがこの伝承である。だから、ここでの「物」は、田野という地名であり、水田にふさわしくないという事実であるとみればよい。したがって、説明は、その地名と事実とに向かって展開してゆく。

この伝承では、神話的な出来事の前に想定された状態が、「郡内の百姓たちがこの野に住み、たくさんの水田を開墾し稲がとれ過ぎ、畝に積んだまま放置した」ほどであったと語られている。それは、今とは正反対のありさまである。このように、今の荒廃した野とは逆転した繁栄のさまがはじまりの前の風景として語られるというのが、起源神話の基本的な構造である。

その始源以前の状態が、ある出来事によって今につながる始源の時の状態に逆転する。田野の伝承では、その出来事が、有名な「湖山《こやま》長者」の伝説（鳥取市にある湖山池にまつわる長者没落伝説）などと同じく、奢りたかぶった心によって語られるというのは、まさに後世の伝説や昔話と同質のものだということができる。湖山長者の伝説というのは、昔、広い田をもつ長者が、田植えを一日で終わらせようとして沈みかけた太陽を扇で招きあげ、無事に田植えを終えることができたのだが、翌朝見ると、田は一面の湖水になっていたという話である。

湖山長者伝説では一人の奢りたかぶった長者として語られているが、田野の伝承では、「郡内の百姓」たちとして語られており、共同体の幻想により強くかかわって伝えられているというふうに、両者の違いを区別することはできる。

伝承の語り方

その奢りたかぶった心は、具体的に、豊かに収穫された稲で作った餅を弓の的にするという行為を語ることによって表現となる。それが、白鳥の飛翔へと展開する。いうまでもなく、この白鳥は穀霊として幻想されており、穀霊に見棄てられたことを原因として百姓たちの没落と水田が作れない土地になってしまったという、今につながる共同体の現状(秩序)が説明されてゆく。そして、この伝承の構造を踏まえて、その展開を整理すると次のようになる。

始源以前の時＝稲が豊かに稔る土地があった。
始源の出来事＝富を得て人間は心が奢りたかぶり、餅を的にしてあそんだところ、餅に宿った穀霊が白鳥になって飛んでいった。そのために百姓たちは死に絶えた。
今＝田野は、神に去られて耕作できない土地となった。

共同体のなかに位置づけられた恐ろしき外部として田野はあり、それが、始源の出来事によって生じた「物」(田野という地名と耕作できないという事実)によって確認され続ける。耕作できないタブーの土地になった時と「田野」と呼ばれるようになった時は、共同体の幻想では同時なのである。伝説の物はそこに誕生した。それが共同性を担った物になるために、始源の出来事が語られるのである。もちろん、そうした説明は絶対的なものではなく、他の説明に置き換え可能な表現であるというのは当然のことである。

たとえばそれは、「湖山長者」のように語ってもよいし、「隣の金持ち」のように貧しい身なりでやってきた来訪神を拒否したというかたちで語ってもかまわない。始源以前の時が、今とは逆の状態として設定され、その展開が必然的なかたちで説明されればよいのである。こうして、伝承は「物」に向かう表現を獲得してゆく。物に向かうというのは、逆の言い方をすれば、物から発想された表現だということになる。

神に向き合う稲作

定例の国家祭祀について記す『律令』や『延喜式』の四時祭《しじさい》をみると、その多くが稲作にかかわる祭祀であることに気づく。それは、古代律令国家の基盤を支えていたのが稲作であり、公民としての水田耕作民であったという現実的な問題ばかりではなく、稲作が、もっとも強く神と対峙する行為であったということに起因する。第三章で取りあげた常陸国風土記行方《なめかた》郡の夜刀《やと》の神の伝承に象徴的に語られていたように、自然＝神を侵略してそれに立ち向かうのが稲作だから、いつも神に向きあっていなければならなかったと言い換えてもよい。

その意味で、稲作は神への侵犯という根源的なタブーを抱え込まなければならなかった。

稲作の起源

神の世界の稲種がどのようにして人間の側にもたらされたかを語るのが稲作の起源神話である。たとえば、出雲国風土記によれば、オホナモチとスクナヒコの二神が各地を巡行している途中、稲種を落としたと語る伝承がある（飯石《いいし》郡多禰《たね》郷）。この二神は、播磨国風土記では稲種《いなだね》を山に積んでいるから（揖保郡稲種山）、異界から稲種をもたらした神として広く伝えられていた神であったらしい。また、スサノヲが食べ物の女神オホゲツヒメを殺し、その死体から成りでた種を御《み》祖《おや》の神カムムスヒが浄化し、スサノヲはそれをもって出雲に下りたと古事記は語る（第四章4、参照）。スサノヲもまた稲種を地上にもたらす神であった。

そこからわかるのは、稲種は神の世界から、神によってもたらされたものだということである。しかも、それは、神が人に授けたものではなく、神が「落とす」ことによって人の物になったとか殺された神の体から成りでたというふうに、稲作の起源は不安定な要素を内包して語られている。ここに、稲種を手に入れた側が必然的に抱え込むことになった、神への侵犯という負性を抱え込んだ稲作のタブー性を読みとることができる。

鳥の穂落とし

先ほど引いた、豊後国風土記の田野で語られている餅の的伝承からも、稲が神の側のものであったことはよくわかる。それゆえに、ほんの少しの油断が人間から稲を奪ってしまうのである。稲は本来、人のものではないのだ。

また、白鳥になった穀霊は、山城《やましろ》国風土記逸文によれば、飛んで山の峯に降りると、そこで稲になったと語られており、白鳥が稲種をもたらす神でもあったということを示している。これは、世界的にみられる穂落とし神話のパターンで、民間伝承として各地に語られているのだが、その構造は、先のオホナモチとスクナヒコの巡行による稲種落としの場合と同じである。

現存する風土記の伝承には見当たらないが、たまたま神の世界に漂着した人間が、そこから稲種を盗み出してくるというふうに語られる「盗み」による稲作起源神話(沖縄などで広く語られている)にも、稲作のタブー性が鮮明にあらわれている。そのような始源をもつからこそ、稲作には、苗代《なわしろ》とか斎種《ゆだね》とかにかかわって厳重な祭祀が要求されるのである。

生贄の血

播磨国風土記には、玉津日女《たまつひめ》命が生きている鹿を捕まえ腹を割き、その血の中に種を蒔くと一夜で苗になったという異常成長を語る伝承(讃容《さよ》郡)と、太水《おおみず》の神が水を用いず宍《しし》の血で田を作ったという伝承（賀毛郡雲潤里《うるみ》）を伝えている。ここにみられるのは、苗代田の水がただの水ではないということである。つまり、苗代が神の領域であることの証しが、水に代わる生贄《いけにえ》の血として語られる。だから、一夜の成長が可能になる。

また、同じく賀毛郡の河内里《こうち》には、草を敷かずに稲種を下ろすという伝承もみられるが、それを保証しているのは、巡行してきた神である住吉の神とその従神たちであった。他とは異なる苗代を語ることにおいて始源性を保証し、それが苗の成育を約束するのである。

苗代で成長した稲は、田に植え換えられることにおいて、ようやく人の側に近づくことになる。そして、それを行うことのできるのが早乙女《さおとめ》と呼ばれる女性たちであった。いつも、早乙女たちは田植えのための装いをして田を植える。

神の稲から人の稲へ

万葉集には「小山田の鹿猪田《ししだ》守るごと」（巻一二、三〇〇〇）とか「新墾田《あらきだ》の鹿猪田の稲」（巻一六、三八四八）とか、鹿猪田という表現が出てくる。これは、鹿や猪に荒らされる山深い田をさすが、たんに鹿や猪の被害を受けやすいというだけではない。稲が成育するまでのあいだにはさまざまな苦しみがあるわけで、旱魃や水害や冷害など今日でも各地でみられることである。

それらは、神のものとしてのタブーの稲が、人のものになるための試練として存在する。だから、試練を克服するための祭祀が行われる。鹿や猪による被害もそうした試練の一つとみるべきなのである。それを経て、実りははじめて人のものとなるのだから。

鹿が苗を食い荒らすのに困った田主が柵を作って防いだところ、鹿はその柵の間に首を入れて稲を食べた。それを見つけた田主がつかまえて殺そうとすると、鹿が、命を助けてくれたら子孫に苗を食わないように教え諭すと詫びたので許してやった。それ以来、苗は食われず豊作になったという伝承が豊後国風土記に伝えられている（速見郡頸峰《くびのみね》）。

この鹿は、稲作を妨害する害獣であるとともに、豊作を約束することのできる力をもつ神としても語られる。稲種が異界のものであり、タブーを背負うものであったということが象徴的に語られているのだが、それは、水にしろ、日照りにしろ、風にしろ、同じ構造のなかで考えられていたはずである。

語られる世界の深さ

播磨国風土記にも九州諸国の風土記にも、国家やヤマトの天皇はさまざまなかたちで出てくるが、その一方で、遺された伝承世界からわれわれが読み取れる情報は無限にあるといってよいのではないか。その情報の多くをわれわれは読めていない。というか、自分の興味や知識でしか読まないから、いつもほんの片隅を齧ってわかったつもりになっているだけだといったほうがよい。もちろん、わたしがここで論じてきたこともそのようなことでしかないということになる。

必要なことは、伝承を読む論理を鍛えて遺された資料に向き合うことだ。それを続けることによって、読めなかった伝承もわかるようになり、見えなかった世界がわれわれの前に立ちあらわれてくるに違いない。田を荒らす鹿や猪は出てくるが、風土記の伝承は手つかずのままに遺されている場合がほとんどであり、伝承の世界を考えようとする者、古代の日本列島について知りたい者、お話を楽しみたい者にとっては無限の宝庫だと思う。

まとめにかえて

ようやく本書を締めくくるところまできた。これで風土記についてのおおよその紹介はできたと言いたいが、書ききれなかったことばかりが気にかかる。現存する五か国風土記についても逸文についても、取りあげていない記事が多いこともあるが、それ以上に、散逸して今は遺らない風土記が大半を占めるというところに、わたし自身の遺漏感が強まる理由があるのかもしれない。それを補うために、逸文として運良く遺された伝承の一つ二つと、残念ながら遺されなかった伝承群への思いにふれて本書のまとめにかえたい。

伊予国のオホナモチ

浦島子や天女のようにしばしば紹介される風土記逸文の伝承もあるが、それ以外にも古風土記の逸文とされる記事は多い。それら断片化された伝承を読んでいると、もしその国の風土記が遺されていればさぞかしおもしろい話があったろうにとか、古代の日本列島を考えるうえで参考になることが多かったろうにとか、無いものねだりだということはわかっていながら悔やんでしまう。

たとえば、「伊予の国の風土記に曰ふ」として、鎌倉時代に書かれた日本書紀の注釈書『釈日本紀』に次のような記事が載せられている。「湯の郡《こほり》」（愛媛県松山市のあたり）の伝承である。

> 大穴持命《おほなもちのみこと》、悔《く》い恥《は》じしめらえて、宿奈毗古那《すくなびこな》命、活《い》けむに、大分《おほきだ》の速水《はやみ》の湯を下樋《したび》ゆ持ち度《わた》り来て、宿奈毗古那命をもちて漬浴《ゆあむ》ししかば、暫《しま》しの間《ほど》ありて活起《よみがへ》り居《を》り。さて詠《なが》めて曰はく、「真暫《ましま》にも寝《いね》つるかも」と。践《ふ》み健《たけ》びし跡《あと》処は今も湯の中なる石《いは》の上にあり。すべて湯の貴く奇《くす》しきことは神世《かみよ》の時のみにあらず。今の世にも疹痾《やまひ》に染《しづ》みし万生《あをひとくさ》の病《やまひ》を除き身を存《たも》たむがための要薬《くすり》なり。

伊予の湯（道後温泉）の起源として語られる伝承である。大分の速水の湯というのは、これまた有名な別府温泉のことで、豊後国風土記速見郡の条には、赤湯や玖倍理湯《くべりゆ》の名がみえる。その速水の湯から、スクナビコナが豊予海峡の下に樋を通して運んだ湯を用いて、死んだ（失神した）オホナモチを生かした、それが伊予の湯の始まりとして語られる。

引用は全集本風土記によったが、古典大系本風土記では、「大穴持命、見て悔い恥ぢて、宿奈毗古那命を活かさまく欲《おもほ》して」と訓み、仮死状態にあったスクナビコナをオホナモチが助けたと解釈している。わたしは、大きな体のオホナモチが小さ子神に救われるという展開の滑稽さを語ったほうがおもしろいと理解したために、全集本の訓読に従った。

オホナモチとスクナビコナを温泉の神として祀るところは全国にあるが、この伝承で興味をそそられるのは、オホナモチが悔い恥ずかしめられるような出来事があって死んだという伝えである。英雄神が死んで生き返るというのは、古事記のオホナムヂ神話をみればよくわかるが、ここのオホナモチは悔い恥ずかしめられたのが原因で死んだという。何があったかは語られていないが、先に紹介した播磨国風土記の聖岡《はにおか》里の伝承を参照すると（第五章1）、ここのオホナモチもどうやら笑われ者の神であったと思われる。しっかり者のスクナビコナととんまなオホナモチという凸凹コンビの活躍は、瀬戸内海を跨いで伊予国にも伝えられていたのである。

この遺された逸文ひとつを読んだだけでも、呼び名は少しずつ変わっているが、オホナモチ（オホナムヂ）とスクナビコナ（スクナヒコ）がいかに広い伝承圏を有していたかということは容易に想像できよう。そして、古事記を読むだけでは窺い知ることのできないオホナモチの姿がゆたかに浮かび上がってくるのである。

青い石の伝承

そのオホナモチを狂言回しにして伊予国から出雲へと移り、神話世界を視野に入れて想像力をふくらませながら越後国まで足を延ばすと、次のような断片的な記事が大いに気になる伝承として立ちあらわれる。

越後《こしのみちのしり》の国の風土記に曰はく、八坂丹《やさかに》は玉の名なり。玉の青きを謂ふ。かれ、青八坂丹《あをやさかに》と云ふ。

（『釈日本紀』所収）

八坂丹のヤサカは八尺の意で大きなことをほめることば、ニは石玉をいう語であり、青八坂丹とは青い色をした立派な石玉のことである。その石玉が何をさすかは記されていないが、越後国（新潟県）となれば硬玉翡翠《ひすい》しか考えられないだろう。発掘される数々の勾玉《まがたま》をはじめ大珠《たいしゅ》や宝飾品の原料として縄文時代から古墳時代にかけてもっとも珍重された硬玉翡翠の、古代における東アジア唯一の産地が奴奈川《ぬながわ》（糸魚川市を流れる姫川）流域とその海岸線であった。ところがその事実はすでに早く忘れ去られ、再発見されたのは二〇世紀前半のことであった。

古事記に登場するヤチホコ（八千矛神、オホナムヂ・オホクニヌシの別名）がヌナガハヒメ（沼河比売）に求婚する神話は、翡翠をめぐる物語でもあった。そうした古事記における出雲神話の解釈を支えてくれるのが右の短い伝えである。逸文としてもこれしか遺っていないが、その背後にいかなる伝承があったのか、知りたいが手立てはない。日本書紀には存在せず、古事記神話だけに大きな分量を占めて語られる出雲神話の世界がどこまで広がりをもって語られていたのか、あるいは第四章で取りあげた日本海文化圏が、今は失われた越の国（越前・越中・越後の諸国）の風土記ではどのように伝えられていたのかと、想像力の翼を広げて飛んで行きたい衝動にかられる。そうした魅力は、こまごまとした風土記逸文のあちこちに秘められている。

まぼろしの風土記へ

散逸した風土記のなかで、今わたしがもっとも知りたいのはと問われたら、上総《かずさ》国風土記と答えたい。房総半島の記事が遺っていたらと願うのは、本書第三章で論じたヤマトタケルに関する伝承が上総国ではどのように語られていたかを知りたいからである。

今も、内房を中心とした千葉県の各地にヤマトタケル伝承が伝えられ、それに由来する祭りが行われていたりする。たとえば、毎年九月中旬（以前は九月一七日に固定していたが、現在はその直近の日曜日)、千葉県富津《ふっつ》市の吾妻《あずま》神社で、「馬だし」という名で近隣の人びとに知られた祭りが行われる。境内に立つ案内板の説明を借りると、「馬だしは、氏子の家から参加したオメシと呼ぶ神馬の鞍に、神霊である幣束《へいそく》をつけ、二人の青年が馬の口を持ち両脇にしがみついて岩瀬海岸に向って疾走する行事」である。

昔のことはわからないが、今は「岩瀬海岸に向って疾走」するのではなく、鞍に幣束を付けたオメシ(お召し)の神馬と副神馬との二頭が神社から海岸まで行列したのちに、「岩瀬海岸を疾走」する行事である。そしてこの神事は、古事記や日本書紀に載せられた、走水《はしりみず》(浦賀水道)でのオトタチバナヒメの入水伝承に由来するという。吾妻神社は海岸から直線で三キロほど内陸に入った丘の中腹にあり、祭神は「弟橘媛尊《おとたちばなひめのみこと》」で、「海岸に漂着した日本武尊妃弟橘媛の遺品の櫛」を祀ると案内板に記されている。その櫛は、どこからともなくあらわれた馬が口にくわえ、神社のある地に駆け上ってきたと言い伝えられ、それが馬だし神事の始まりとされている。

吾妻神社の祭礼では、馬だし神事のほかにオブリ神事と神輿《しんよ》渡御神事もいっしょに行われる。「神前に供える魚」をオブリと言い、岩瀬という海辺の集落の若い衆が、長さ九尺の真竹二本を束ねた竿に出世魚であるイナダ七対を吊し、それを担いで数キロの道をもみ合いながら練り歩き、最後に吾妻神社の石段を駆け上って神前に奉納するというのがオブリ神事である。そして、奉納された七対のオブリをみこしの正面に飾り付け、通過する集落ごとに担ぎ手の若い衆が交替しながら、五時間以上かけて海岸まで練り渡り、担いだみこしを海に入れてもみ合ったのちに、また数時間かけて神社にもどってゆく。

オトタチバナヒメの遺品

豊漁を感謝し、海から寄り来る神を迎える儀礼であるとともに、若者たちが大人になるための通過儀礼としての性格を色濃く伝える祭りではないかというのが見学したわたしの印象だが、その複合的な儀礼を根拠づける説明として、オトタチバナヒメの遺品は登場する。

案内板にある人名表記は日本書紀に依拠しているが、書紀には遺品の漂着という記述はない。したがって案内板にある「遺品の櫛」というのは、古事記の、「七日の後に、その后《きさき》の御櫛《みくし》、海辺に依りき。すなはち、その櫛を取り、御陵《みはか》を作りて、治め置きき」という伝えに基づいている。しかし古事記は、漂着地や埋葬地が房総半島のどこであったかは、何も記さない。そのために、内房の各地に遺品が漂着したという伝えが広がり、オトタチバナヒメ自身やその遺品を祀る神社があちこちに出現した。

たとえば、木更津市吾妻の吾妻神社は海岸に流れ着いた遺品の袖(あるいは死体)を、茂《も》原《ばら》市本納《ほんのう》の橘樹《たちばな》神社もヒメの遺品や難破した舟の帆を祀ると伝え、袖ケ浦市の袖ケ浦という地名もオトタチバナヒメの袖に由来する。また、富津市金谷《かなや》には漁船の網にかかって引き上げられたというヤマトタケルの軍船に掲げられていた鏡を祀る鉄尊宮《てっそんぐう》(金谷神社の境内に建つ小祠)があり、君津市鹿《か》野山《のうざん》にはヤマトタケルを道案内した鹿の伝説や白鳥神社があり、船橋市や市川市にもヤマトタケルの東征伝承が伝えられている。

これらの伝承がいつごろから存在するか、まったく見当がつかない。近世以降に語り出されたものも含まれている一方で、古事記や日本書紀が成立する前から房総の海浜で語られていた伝承が混じっていても不思議ではない。走水での入水伝承は古事記にも日本書紀にも載せられているので、両書に先行する古文献にも存在した可能性は大きい。また、第三章で述べたように、常陸国風土記に語られるヤマトタケルは、「倭武天皇《やまとたけるのすめらみこと》」という名前で一〇か所以上の伝承に出てきて、后(大橘比売命)もいっしょに旅をする。古事記や日本書紀には、東征の往還に常陸の国を通過したという記事しか存在しないというのに。

そのようなこともあって、上総国風土記が遺っていたらと、ついつい無いものねだりをしてしまうのだ。ちなみに、安房《あわ》国の建国は養老二年(七一八)なので、上総国風土記には安房地域も含まれていた。せめて逸文の何編かでもと願うのだが、現在のところ上総国風土記の逸文は断片すら見つかっていない。まことに残念なと嘆いても、端坐して待っても何も出てこない。そういう時は想像するしかない。

兄オホウスを殺したために、父である天皇オホタラシヒコ(景行)にクマソタケル討伐を命じられたという発端からして、古事記のヤマトタケル伝承は悲劇的な結末を予感させる。しかし、語りの中でその構想がはっきりしてくるのは、西征からもどって東征に向かい、伊勢神宮で叔母ヤマトヒメに心情を吐露する場面以降である。そして、走水で神の怒りにふれ、后オトタチバナヒメを犠牲にしてしまったところで、タケルは死を回避できなくなる。

その、東征におけるクライマックスの一つである走水での出来事をもとに、ヒメの遺品の漂着伝承が、対岸の各地に伝えられ広がったのは当然だ。しかも、浦賀水道を挟んだ二つの土地は、昔も今も人や物や話を行き来させる重要な海の路なのだから、なおさらである。

上総国風土記の成立を、朝廷から撰録を命じられた和銅六年(七一三)から数年以内と考えてみよう。すると、養老四年(七二〇)成立の日本書紀は存在していないが、古事記はすでにあった（第一章3、参照）。それ以外に「旧辞」類も存在するわけで、オトタチバナヒメの遺品が漂着したという伝承が、八世紀初頭の上総国で語られていてもいっこうに不思議ではない。ところが隣国である常陸国の風土記には、古事記や日本書紀とはまったく別の、倭武天皇を主人公とする伝承が、地名起源譚として語られていた。

しかもその内容は、第三章で検証したとおり、避けられない死を背負って旅する悲劇の主人公という、古事記に語られているイメージとは、まったく違っていた。常陸国風土記で語られているのは、王者として地方を巡行する天皇である。八世紀初め、常陸国で伝えられていたのは、古事記や日本書紀に語られる以前の、ヤマトの王者・倭武天皇であった。その主人公が、大王（天皇）から悲劇の御子へと急旋回することで、歴代天皇の継承を含む歴史そのものが、中央では大きく変容していったと考えられる（第三章1、参照）。

当時、上総国も常陸国と同じ状況にあったと考えれば、房総の各地に伝えられていたヤマトタケルや后オトタチバナヒメは、巡行する天皇とその后だったということになる。一方、目の前に相模国が見渡せる古代の交通の要衝に、新たに都のあたりで語り出されたらしい悲劇伝承がいち早く伝播し広がっていたというのも想像にかたくない。

古代の日本列島へ

存在しないものは想像してみるしかないといったが、そうやすやすと実は結ばない。あえて結論めいたことをいえば、上総国風土記には、ヤマトタケル天皇の巡行を語る常陸型の伝承と、入水した后の遺品漂着を語る悲劇型の伝承と、その両者が混在していた。伝承ルートからみて、内房では入水伝承が、内陸や外房では天皇の巡行伝承が優位だっただろう。

また、すでに天皇として語られていた段階から、遠征を援助する役割を担う后の入水は語られており、ヤマトタケルの悲劇化とともに、遺品漂着伝承の分布は濃密になったということも考えられる。このようなことを言うのは、古事記の伝承では走水の場面になって突然、オトタチバナヒメがあらわれるという展開をとるのが不審だからである。それを、常陸国風土記の伝承のように、つねに妃(后)が付き添って旅をしていたとすれば、走水でのヤマトタケルの窮地を入水によって救ったという語り口は自然なものになる。古事記の場合、ヤマトタケルの悲劇化のために、いくつもの改変を被っている、その証拠の一つがオトタチバナヒメの唐突な出現のしかたに見いだせるのではないかと思う。

現存する風土記が五か国と逸文だけというのは、上総国風土記にかぎらず残念なことである。当時あった六十数か国のうちの半分でも風土記が遺っていれば、古代の日本列島は、今とはまったく違う多彩な姿を見せてくれたに違いない。その豊かさは、現存する各国風土記や運良く遺された逸文類を読むだけでもよくわかる。

まぼろしの風土記からは、遺された風土記と同様に、中央であるヤマトに包み込まれてしまいそうな地方の姿と、それに抗い続ける固有の姿と、その二つが見いだせるだろう。そしてそこから浮かび上がるのは、「ひとつの日本」に括られる途中の日本列島の姿である。もちろん、出雲国風土記は例外的で、ほとんどの国の「解」の撰録者は中央から派遣された国司層であり、ヤマトの影響力が強いのは明らかである。しかし、それでもたくましく土地の伝承は生き続け、消されたとしても行間から読みとれる情報はさまざまにあったはずである。

そのような夢を追いながら、風土記の世界の紹介をひとまず終えることにする。

あとがき

日本列島の古代を考えようとするとき、古事記・日本書紀・風土記という三つの作品をもつというのは奇跡的なことではないでしょうか。それゆえに、よく今に遺ってくれたと感謝しつつ、それらを正当な座に置くことができない現状をとても歯がゆく感じていました。

今までわたしは、一九八九年六月の古事記学会大会で「『日本書』の構想」と題する研究発表をして以来、三つの歴史書の関係を模索しながら、『神話と歴史叙述』(若草書房、一九九八年)、『古事記のひみつ』(吉川弘文館、二〇〇七年)などを発表してきました。その過程で、古事記「序」の偽作という問題が浮かび上がることになり、ここにようやく、風土記とはいかなる書物かという課題が一冊にまとまりました。

「日本書」の紀としての日本書紀、「日本書」地理志になろうとしてなれなかった風土記、それらから遠く離れて存在する古事記。そのように把握することによって、遺された三つの作品を、論理の破綻なく位置づけることができるのではないか。それが、紆余曲折を経てわたしがたどりついた、ひとまずの結論です。

この、いくつかの点で従来の解釈に再考を迫る本書を、古代文学はもちろんですが、古代史にかかわる方々にぜひ読んでほしいと願っています。こんなことを言うのは、歴史学からの支持を得なければ、倒したい通説は揺らぎそうもないからです。

古い手帖をひっくり返したのですが、本書の企画は二〇〇三年一一月にさかのぼります。編集部の平田賢一さんから、「風土記の世界」というタイトルで新書をというお誘いを受けました。その頃のわたしは『口語訳 古事記』(文藝春秋、二〇〇二年)という本が出たあとで、依頼といえば古事記関連の仕事ばかり。そこに、念願の岩波新書から風土記のはなしをいただき、まさに欣喜雀躍《きんきじゃくやく》の心境になったのを覚えています。というのも、岩波新書でタイトルが「風土記の世界」とくれば、古代文学研究者にとって今やレジェンドともいえる西郷信綱『古事記の世界』(岩波書店、一九六七年)が脳裏を駆けめぐるわけで、奮い立つしかありません。

ところが、この体たらく。気負いすぎたこともありますが、結局のところ、わが身の力不足のために風土記の総体を把握できず、十二支がひと巡りしてしまったという次第。

ようやく書き上げた今、ひと息つきつつ、わが怠慢を恥じるばかりです。すでに定年で職を辞された平田さんに、あらためて感謝申し上げるとともに非礼をお詫びします。

実際の本作りのすべては、あとを継いでくださった大山美佐子さんの手をわずらわせました。ふり返れば、一九九五年に書かせてもらった論文「歴史叙述の展開」(『岩波講座 日本文学史』第一巻)の担当編集者が大山さんで、わたしのなかでは奇しき因縁ということになります。そして今回、書けたといって唐突に送り届けた草稿に、すばやくていねいにご対応いただいた大山さんに、心よりお礼を申しあげます。

二〇一六年三月

三浦佑之

参考文献一覧

赤坂憲雄「物語 空間 権力」『現代哲学の冒険7 場所』岩波書店、一九九一年
明石一紀『日本古代の親族構造』吉川弘文館、一九九〇年
秋本吉郎『風土記の研究』ミネルヴァ書房、一九六三年
石母田正「古代文学成立の一過程」『神話と文学』岩波現代文庫、二〇〇〇年
井上通泰『肥前風土記新考』巧人社、一九三四年
荊木美行『風土記逸文の文献学的研究』皇學館出版部、二〇〇二年
荊木美行「九州風土記の成立をめぐって」『風土記研究』第三三号、二〇〇九年六月
荻原千鶴「九州風土記の甲類・乙類と『日本書紀』」『風土記研究』第三三号、二〇〇九年六月
荻原千鶴「九州風土記と『出雲国風土記』」『古事記年報』五七号、二〇一五年一月
沖森卓也・佐藤信・矢嶋泉編著『風土記』山川出版、二〇一六年
門脇禎二「越と出雲」森浩一編『古代翡翠道の謎』新人物往来社、一九九〇年
兼岡理恵『風土記受容史研究』笠間書院、二〇〇八年
鎌田元一『律令公民制の研究』塙書房、二〇〇一年

川田順造『無文字社会の歴史』岩波書店、一九七六年
川田順造『聲』筑摩書房、一九八八年
神田喜一郎「『日本書紀』という書名」日本古典文学大系『日本書紀』下・月報、岩波書店、一九六五年
神田典城編『風土記の表現』笠間書院、二〇〇九年
神田秀夫「古事記・上巻」『国語と国文学』五三―二、一九七六年二月
神田秀夫・横田健一・黛弘道「(鼎談)記紀をどう読むか」『歴史公論』四―一、一九七九年一月
倉塚曄子『巫女の文化』平凡社、一九七九年
倉塚曄子「出雲神話圏の問題」お茶の水女子大学国語国文学会編『国文』第二〇号、一九六三年一二月
倉塚曄子「出雲神話圏とカミムスビの神」古代文学会編『古代文学』第五号、一九六五年一一月
呉　哲男「日本書紀」古橋信孝編『日本文芸史・古代Ⅰ』河出書房新社、一九八六年
小南一郎『中国の神話と物語り』岩波書店、一九八四年
西郷信綱『古事記の世界』岩波新書、一九六七年
西郷信綱『古事記研究』未來社、一九七三年
斎藤英喜「勅語・誦習・撰録と『古事記』」『日本の文学』第一集、有精堂出版、一九八七年
斎藤英喜「古老」古代文学会編『古代文学』第二六号、一九八七年三月
西條　勉『古事記と王家の系譜学』笠間書院、二〇〇五年
坂本太郎「六国史と伝記」『日本古代史の基礎的研究』上、東京大学出版会、一九六四年

関　和彦『風土記と古代社会』塙書房、一九八四年
関　和彦『「出雲国風土記」註論』明石書店、二〇〇六年
瀬間正之『風土記の文字世界』笠間書院、二〇一一年
瀧音能之『風土記説話の古代史』桜楓社、一九九二年
瀧音能之『出雲国風土記と古代日本』雄山閣出版、一九九四年
瀧音能之『出雲大社の謎』朝日新書、二〇一四年
中村啓信監修訳注『風土記』上・下、角川ソフィア文庫、二〇一五年
橋本雅之『風土記研究の最前線』新人物往来社、二〇一三年
林田洋子「アユをめぐる伝承」『國學院雑誌』第七二巻第一二号、一九七一年一二月
原　武史『〈出雲〉という思想』講談社学術文庫、二〇〇一年
藤井貞和『物語文学成立史』東京大学出版会、一九八七年
藤田富士夫『古代の日本海文化』中公新書、一九九〇年
藤田富士夫『玉とヒスイ』同朋舎出版、一九九二年
藤田富士夫『縄文再発見』大巧社、一九九八年
古橋信孝『神話・物語の文芸史』ぺりかん社、一九九二年
前田晴人『古代出雲』吉川弘文館、二〇〇六年
益田勝実『火山列島の思想』筑摩書房、一九六八年

益田勝実・岡田清子「天平五年二月卅日——勘造日附の真偽」平泉澄監修『出雲国風土記の研究』出雲大社・皇学館大学出版部、一九五三年
松村武雄『日本神話の研究』四冊、培風館、一九五四〜五八年
三浦佑之『村落伝承論』五柳書院、一九八七年、増補新版、青土社、二〇一四年
三浦佑之『浦島太郎の文学史』五柳書院、一九八九年
三浦佑之『古代叙事伝承の研究』勉誠社、一九九二年
三浦佑之『神話と歴史叙述』若草書房、一九九八年
三浦佑之『古事記のひみつ』吉川弘文館、二〇〇七年
森　浩一「古墳にみる女性の社会的地位」『日本の古代12 女性の力』中央公論社、一九八七年
森　浩一「日本海西地域の古代像」『海と列島文化2 日本海と出雲世界』小学館、一九九一年
森　博達『古代の音韻と日本書紀の成立』大修館書店、一九九一年
森　博達『日本書紀の謎を解く』中公新書、一九九九年
柳田国男「伝説」『柳田國男全集』11、筑摩書房、一九九八年
柳田国男「口承文芸史考」『柳田國男全集』16、筑摩書房、一九九九年
山下欣一『奄美のシャーマニズム』弘文堂、一九七七年
吉井　巌『ヤマトタケル』学生社、一九七七年

引用資料索引

＊本文を引用した資料のみを掲げた。項目の並べ方は、それぞれの書物の構成順である。

三浦佑之

1946年，三重県に生まれる．成城大学大学院博士課程
修了．千葉大学名誉教授
専攻－古代文学，伝承文学
著書－『神話と歴史叙述 改訂版』(講談社学術文庫)
『口語訳 古事記』(神代篇・人代篇，文春文庫)
『古事記を読みなおす』(ちくま新書)
『増補 日本古代文学入門』(角川ソフィア文庫)
『古代研究』(青土社)
『増補新版 村落伝承論』(青土社)
『昔話にみる悪と欲望 増補新版』(青土社)
『読み解き古事記 神話篇』(朝日新書)
『出雲神話論』(講談社)
『「海の民」の日本神話』(新潮選書)
『風土記博物誌』(岩波書店) ほか多数

風土記の世界　　岩波新書(新赤版)1604

2016年4月20日　第1刷発行
2022年12月15日　第6刷発行

著　者　三浦佑之《みうらすけゆき》

発行者　坂本政謙

発行所　株式会社 岩波書店
〒101-8002 東京都千代田区一ツ橋 2-5-5
案内 03-5210-4000　営業部 03-5210-4111
https://www.iwanami.co.jp/

新書編集部 03-5210-4054
https://www.iwanami.co.jp/sin/

印刷製本・法令印刷　カバー・半七印刷

ISBN 978-4-00-431604-6　　Printed in Japan

岩波新書新赤版一〇〇〇点に際して

ひとつの時代が終わったと言われて久しい。だが、その先にいかなる時代を展望するのか、私たちはその輪郭すら描きえていない。二〇世紀から持ち越した課題の多くは、未だ解決の緒を見つけることのできないままであり、二一世紀が新たに招きよせた問題も少なくない。グローバル資本主義の浸透、憎悪の連鎖、暴力の応酬——世界は混沌として深い不安の只中にある。

現代社会においては変化が常態となり、速さと新しさに絶対的な価値が与えられた。消費社会の深化と情報技術の革命は、種々の境界を無くし、人々の生活やコミュニケーションの様式を根底から変容させてきた。ライフスタイルは多様化し、一面では個人の生き方をそれぞれが選びとる時代が始まっている。同時に、新たな格差が生まれ、様々な次元での亀裂や分断が深まっている。社会や歴史に対する意識が揺らぎ、普遍的な理念に対する根本的な懐疑や、現実を変えることへの無力感がひそかに根を張りつつある。そして生きることに誰もが困難を覚える時代が到来している。

しかし、日常生活のそれぞれの場で、自由と民主主義を獲得し実践することを通じて、私たち自身がそうした閉塞を乗り超え、希望の時代の幕開けを告げてゆくことは不可能ではあるまい。そのために、いま求められていること——それは、個と個の間で開かれた対話を積み重ねながら、人間らしく生きることの条件について一人ひとりが粘り強く思考することではないか。その営みの糧となるものが、教養に外ならないと私たちは考える。歴史とは何か、よく生きるとはいかなることか、世界そして人間はどこへ向かうべきなのか——こうした根源的な問いとの格闘が、文化と知の厚みを作り出し、個人と社会を支える基盤としての教養となった。まさにそのような教養への道案内こそ、岩波新書が創刊以来、追求してきたことである。

岩波新書は、日中戦争下の一九三八年一一月に赤版として創刊された。創刊の辞は、道義の精神に則らない日本の行動を憂慮し、批判的精神と良心的行動の欠如を戒めつつ、現代人の現代的教養を刊行の目的とする、と謳っている。以後、青版、黄版、新赤版と装いを改めながら、合計二五〇〇点余りを世に問うてきた。そして、いままた新赤版が一〇〇〇点を迎えたのを機に、人間の理性と良心への信頼を再確認し、それに裏打ちされた文化を培っていく決意を込めて、新しい装丁のもとに再出発したいと思う。一冊一冊から吹き出す新風が一人でも多くの読者の許に届くこと、そして希望ある時代への想像力を豊かにかき立てることを切に願う。

（二〇〇六年四月）